恥ずかしくて聞けない 英語の基礎・基本62

Shigeru Ishitoya　Teruo Manabe
石戸谷 滋・真鍋照雄 著

黎明書房

はじめに

英語を学び始めて以来、皆さんは英語に関するさまざまな疑問を感じてきたことと思います。「どうして know は『クノウ』と発音されないの？」「child の複数形はどうして childs にならないの？」「under（下に）＋stand（立つ）がどうして understand（理解する）になるの？」などと考えたことはありませんか？

英語を学んでいくうちに、疑問は文法に関すること、単語の意味に関すること、会話に関することなど、さまざまな方向に広がっていくはずです。そしてそれらの疑問のいくつかは、英語を理解する大きなポイントになっています。

「いまさら人に聞くのは恥ずかしい」からといってそれをうやむやにしておくと、いつまでもそのポイントが分からない、ということにもなります。

「I finished the work. と I have finished the work. は要するにどこが違うのか？」という問いに適切に答えられない人は、現在完了の意味をよく理解していないのです。

本書は、このような英語についての疑問に簡潔に答えることをテーマとしています。そしてさらには、「英語にも方言はあるの？」「英語にも男言葉、女言葉があるの？」「英語の差別語にはどんなものがあるの？」といった一般の英語学習書には載っていない情報にもアプローチしています。

そして最後は「英語の勉強のしかた」についての質問とその答えです。「どうすれば英語ができるようになるの？」という究極の恥ずかしい質問への答えも用意されていますので、お楽しみにお読みください。

著　者

目　次

はじめに ………………………………………………………………… 1

1 ● 英語の基本に関するもの

1　English はなぜ「英語」と言うのですか？ ………………… 8
2　どうして英語ではアルファベットが使われるのですか？ …… 10
3　どうして know は「クノウ」と発音されないのですか？ …… 13
4　child の複数形はどうして childs にならないのですか？ …… 16
5　なぜ一般動詞の疑問文には do が使われるのですか？ ………… 18
6　どうして動詞の三人称単数現在形には s がつくのですか？ … 21
7　good とその比較級の better はどうして形が全く違うのですか？ 23
8　英語にはなぜ規則動詞と不規則動詞があるのですか？ ……… 24
9　どうして命令文には主語がないのですか？ …………………… 26

2 ● 文法に関するもの

10　どうして「～できる」には can と be able to があるのですか？ 28
11　will と be going to に違いはあるのですか？ ………………… 31
12　使役動詞 make, let, have はそれぞれどう使い分ければいいのですか？ ……………………………………………………… 34

13 I finished the work. と I have finished the work. は要するにどこが違うのですか？ ……………………………………… 36

14 used to と be used to は別々の言い方なのですか？ ……… 38

15 目的語に to do（不定詞）をとる動詞と、doing（動名詞）をとる動詞を、区別する方法はありませんか？ ………………… 39

16 How is your family? が正しいのですか？ How are your family? が正しいのですか？ …………………………………… 43

17 always や sometimes などの副詞は、文のどの位置に入れればいいのですか？ ………………………………………………… 46

18 前置詞の使い方をマスターする近道はありませんか？ …… 50

19 「もし～なら」と仮定するのが仮定法ですか？ ……………… 55

20 must と have to はどう使い分ければいいのですか？ ……… 59

21 It rained. の it は何ですか？ ……………………………… 61

22 関係代名詞の that と接続詞の that はどう見分ければいいのですか？ ………………………………………………………… 63

23 関係代名詞の what をマスターする近道はありませんか？ … 66

24 He seemed to be ill. と He seems to have been ill. は同じ意味ですか？ ……………………………………………………… 69

25 no more ～ than … などの比較の表現は、どうすればしっかり覚えられるでしょうか？ …………………………………… 72

26 I think it will not rain. と I don't think it will rain. は同じことなのですか？ …………………………………………………… 75

3 ● 単語に関するもの

27 evening と night に時間帯の違いはあるのですか？ ………… 78

28 under（下に）＋stand（立つ）がどうして understand（理解する）になるのですか？ ……………………………………… 79

29 「たぶん」に相当するのは perhapsですか？ probablyですか？　80

30 「私の友人」はどうして my friend ではなく a friend of mine としなくてはならないのですか？ ……………… 81

31 this weekend, next weekendはそれぞれいつのことですか？　82

32 red, blue, green などの「色」はどんな比喩に使われるのですか？ ………………………………………………………… 84

33 英語のいちばん長い単語、短い単語は何ですか？ ……… 87

column●この単語は何？　その１．食品 ……………………… 88

4●会話に関するもの

34 「行ってきます」「行ってらっしゃい」「ただいま」「お帰りなさい」は英語でどう言うのですか？ ………………… 90

35 「いただきます」「ごちそうさま」は英語でどう言うのですか？　92

36 How are you? には I'm fine, thank you. 以外にどんな答え方がありますか？ ………………………………………… 94

37 Excuse me. と I'm sorry. はどこが違うのですか？ ………… 96

38 あいづちはどのように打てばいいのですか？ ……………… 98

39 Thank you. 以外に感謝の言葉はないのですか？ ………… 102

40 「がんばれ」は英語でどう言うのですか？ ………………… 104

41 「やったね」とほめるには、どう言えばいいのですか？ … 106

42 落ち込んでいる相手を慰めるには、どう言えばいいのですか？ 108

43 誘いを断るには、どう言えばいいのですか？ …………… 110

44 こちらが怒っていることを示すには、どう言えばいいのですか？ 113

45 言い訳は、どのように言えばいいのですか？ …………… 115

46 否定疑問に間違わずに答えるコツはありませんか？ ……… 117

column●この単語は何？　その２．カタカナ語 …………… 118

5 ● 一般英語学習書に載っていない情報

47 英語にも敬語はあるのですか？ …………………………… 120
48 英語にも男言葉、女言葉があるのですか？ ……………… 124
49 ファースト・ネームで男女は区別できますか？ ………… 127
50 英語にも使わない方がいい言葉がありますか？ ………… 131
51 英語の差別語には、どんなものがありますか？ ………… 134
52 イギリス英語とアメリカ英語はどう違うのですか？ …… 136
53 英語にも方言はあるのですか？ …………………………… 140
54 英語の勉強に役立つことわざはありませんか？ ………… 143
55 掛け算、割り算はどう言えばいいのですか？ …………… 145
56 英語の手紙はどう書けばいいのですか？ ………………… 148
57 クリスマスカードはどう書けばいいのですか？ ………… 153
column ● この単語は何？　その3．スポーツ用語 …………………… 154

6 ● 英語の勉強のしかた

58 英語は少しでも早い年齢から始めるのがいいのですか？ … 156
59 どうすれば英語ができるようになるのですか？ ………… 159
60 どうすれば単語や熟語を覚えられますか？ ……………… 163
61 聞き流すだけでリスニングは上達しますか？ …………… 167
62 どうすれば英語を話せるようになるのですか？ ………… 170

＊本文イラスト：山口まく

1 ● 英語の基本に関するもの

1 Englishはなぜ「英語」と言うのですか？

●「イギリス」「英国」の由来

最初に「イギリス」および「英国」という言葉の由来を紹介しましょう。「イギリス」はEnglandを表すポルトガル語Inglês（イングレス）あるいはオランダ語Engelsch（エンゲルス）がなまったものだと言われています。

江戸時代までは、日本に入ってくるヨーロッパの言語と言えば、ポルトガル語かオランダ語だったのですね。そしてこの「イギリス」に「英吉利」という漢字があてられた結果、「英国」というもう1つの表記が生まれました。「英語」は「英国の言語」という意味です。

■「英」という字
「英」の字は中国語から借りてきたものと思われます。中国語では「英」は「イング」と発音されるのですね（そしてEnglandは「英格兰(蘭)」と表記されます）。

●「English」の由来

次に、Englishという語の由来を紹介しましょう。今日のイギリス人は、5世紀頃からグレート・ブリテン島（Great Britain）に侵入し始めたアングル人（Angles）とサクソン人（Saxons）——合わせてアングロ・サクソン人——が中心になっています。彼らはケルト人と呼ばれる先住民族を滅ぼし、この島にEnglandという国を築きました。

Englandは建国当時はEnglalandとつづられていましたが、このEnglalandは「アングル人の国」という意味です。アングル人がより強い勢力を持っていたのですね。EnglishはEnglandの形容詞形ですから、もともとの意味は「アングル人の（言葉）」です。

　アングロ・サクソン人の使っていた古い時代の英語は、「古英語（Old English）」と呼ばれています。彼らは、もともと今日の北ドイツに住んでいたゲルマン民族の一部族ですから、英語はドイツ語の一方言として誕生したと言うことができます。ただし、現代英語はこの古英語とは大きく違っています。

　さて、アングロ・サクソン人に滅ぼされたケルト人はどうなったのでしょう？　彼らはブリテン島の中心部を追われて、西にあるウェールズなどに住み着きました。今日でも、ウェールズ、スコットランド、それにアイルランド島には、ケルト人の子孫が大勢住んでいます。

　そして彼らは、今でも、自分たちの先祖を滅ぼしたアングロ・サクソン人への対抗意識を持っていて、自分たちはEnglishつまり「イングランド人」ではないと主張しています。サッカーやラグビーの国際大会でも、スコットランドやウェールズは、イングランドとは別のチームとして出てくることを思い出してください。

●イギリスの正式名称

　イギリスは正式にはthe United Kingdom of Great Britain and Northern Ireland（グレート・ブリテンおよび北アイルランド連合王国）と言います。単にGreat Britainとも呼ばれますが、これも略称の1つです。そして正式にはEnglandはその中の一地方に過ぎません。

　Britainという言葉は、アングロ・サクソン人に滅ぼされたケルト人の一派、ブリトン人（Britons）に由来します。征服された民族の名前がこのような形で残るのは、とても珍しいことだと言われています。

2 どうして英語ではアルファベットが使われるのですか？

アルファベット（alphabet）は音素文字（1つの文字が1つの母音あるいは子音と対応する表音文字）の一種で、紀元前8世紀頃から古代ギリシャで使われるようになりました。

●さまざまなアルファベット

アルファベットの前身はフェニキア文字ですが、フェニキア文字は子音だけを表す文字ですので、厳密にはアルファベットとは呼べません。フェニキア文字に母音を表す字が加えられ、ギリシャ文字というアルファベットが誕生したのです。

今日のアルファベットには、ギリシャ文字の他にラテン文字、キリル文字（ロシア語で使われている文字）がありますが、ラテン文字もキリル文字もギリシャ文字から生まれたものです。alphabet という語自体がギリシャ語の α（アルファ）＋β（ベータ）を語源としています。

■ フェニキア文字の由来

フェニキア文字は、今日のシリアを中心に活動していたフェニキア人が用いていたもので、そこからさまざまな文字が生まれたことで特別に重要視されています。

フェニキア文字は原シナイ文字に、原シナイ文字はさらに古代エジプトのヒエログリフにさかのぼると考えられていますが、ヒエログリフは、表意文字と表音文字が複雑に組み合わされたもので、アルファベットとはかなり異なる文字です。

●ラテン文字とは？

　今日世界で最も広く使われているアルファベットであるラテン文字（Latin alphabet、別名「ローマ字」）は、このギリシャ文字ともう1つのアルファベットであるエトルリア文字（今日は使われない）をもとに、紀元前7世紀頃に作られました。もともとは古代ローマの言語、ラテン語を表記するために使われていました。

　さて、ラテン文字は6世紀の末にイギリスに伝えられ、それ以降英語を書き表すのに使われるようになりました。それまでは「ルーン文字」と呼ばれるゲルマン民族特有の文字が使われていましたが、その字体はひどく角張っていて、長い文章を書き写すのには適していなかったのです。

●現在のアルファベットができるまで

　もっとも、英語で使われる26文字のすべてがラテン文字から成るわけではありません。本来のラテン語で使われていた文字は23個で、後からiとj、uとvがそれぞれ区別されて数が増えたのです。またwは12世紀以降に合成された文字です。

　ラテン文字には、[w]の音をうまく表せる字がなかったため、[w]の音はuuとuを重ねて表記されていました（[w]の音が[u]の音に似ているからです）。そしてこのuuが合体し、「ダブル・ユー」すなわち「ダブリュー」と呼ばれる新しい文字が生まれたのです（wはvが重なった形ですが、昔はuの字とvの字は区別されていませんでした）。

　アルファベットには大文字と小文字がありますね。当初は大文字しかありませんでしたが、やがて角を丸めて書きやすくした小文字が作られ、この2種類がまぜこぜに使われるようになりました。そして今はそれが整理され、大文字は文章の始めや固有名詞の始めに使われるだけとなったのです。

■ I（私は）がいつも大文字で書かれるのはなぜでしょうか？

　Iは、もともと小文字で書かれていましたが、iは他の字とまぎらわしかったことから、目立たせるための工夫として大文字のIが使われるようになりました。

　一人称主格のIを特別視する、という意味ではありません。

3 どうして know は「クノウ」と発音されないのですか？

アルファベットは、発音されたものを文字に表すために考案されたものですから、本来単語のつづりと発音は一致するはずです。ところが、英語では、つづりと発音が大幅にずれる単語が数多くあります。いや、つづり通りに発音される語はむしろ少数と言えるでしょう。これはいったいどうしてでしょう？

●発音とつづりのずれが生じた原因

英語においても、原則として、かつては発音とつづりが一致していました。know もちゃんと「クノウ」と発音されていた時代があったのです。

①辞書の刊行と大母音推移

ではなぜ現代英語ではつづりと発音が大幅にずれるのでしょうか？

その大きな原因は15世紀の印刷術の発明にあったと言われています。これによって印刷物が普及し、辞書が刊行されるようになったために、単語のつづりが固定化したのです。

ところが、その間にも発音はどんどん変化していきました。まず語尾の e の音がしだいに弱まり、やがて発音されなくなりました。

そして、15〜18世紀に、「大母音推移」と呼ばれる地すべり的な母音の変化が起こりました。それによって例えば [ɑː] という音は→ [ɛː]→[eː]→ [iː]→ [ai] のように次々に変化し、最後はさらに [ei] に変わったのです。

今日 a とつづって「エイ」と読む場合が多いのはそのためです。もし発音の変化に伴って、つづりも改められていたとすれば、例えばname は neim と変えられ、学習者も苦しめられることはなかったでしょう。

でも、もし発音が変わるたびにつづりも改められていたら、書物の世界には大混乱が起こっていたでしょう。つづりの固定化はある意味で仕方のないことだったのです。

②子音の発音の変化

　子音の発音は母音ほどには変化しませんでしたが、発音しづらい音がいつの間にか消えてしまう、という現象が起きました。know や knife の k、walk や talk の l、write や wrong の w、climb や comb の b、right や night の gh などが発音されなくなったのはそのためです。

　kn，lk，wr，mb など、子音が２つ重なったものは、発音しづらく、どちらか１つが消えやすいのですね。

　なお、gh は、昔はドイツ語の [x] のように発音されていましたが、消えるか、laugh や enough のように [f] の音に変わりました。

　また、ll，pp，nn のように、同じ子音が２つ重なる場合も、昔は２つ発音されていました。今日では、これらは l，p，n が１つの場合と全く同じに発音されます。

③人為的な発音の変化

　発音とつづりのずれの原因は、これ以外にもいくつかあります。イギリスは、1066年にフランス語を話すノルマン人に征服されましたが、その際、ノルマン人の写字生（書物の筆写を仕事としていた人）が英単語の一部をフランス語風に書き換えました。今日、mouse（ネズミ）の複数形 mice では s の代わりに c が用いられていますが、これはノルマン人のしわざです。

　また、もともとの単語には含まれていなかった字が、ラテン語の語源に基づいて挿入される、ということも起こりました。doubt（疑う）や debt（借金）の b は、そのようにして入れられたもので、過去にも発音されたことはありません。

　また、island（島）の s は、ラテン語の insula（島）の影響で入れら

れたものですが、実は island の語源は insula とは無関係です（つまり学者の勘違いによって挿入されたのです）。もっとも、これら人為的な改変によるずれは、全体の一部に過ぎません。

●発音に基づいたつづりへ

アメリカでは、辞書の編纂で有名な Noah Webster という人が、colour（色）などの ou を o に、centre（中心）を center に変えるなどして、つづりを発音に近づけようと努力しましたが、その成果はごく一部にとどまっています。

4 childの複数形はどうしてchildsにならないのですか？

　古い時代の英語では、名詞の複数形はさまざまな方法で作られていました。けれども、やがて単純化の流れが起こって、語尾にs（あるいはes）をつけて複数形を作る方法に統一されていきましたが、いくつかの語については、その流れに逆らって、以前のままの複数形が残っています。

　それが現代英語のchild–children, foot–feet, sheep–sheepなどに見られる不規則な複数形です。それらを個別に見てみましょう。

●child–children：語尾にr・enをつける

　さまざまな複数形の作り方の中に、語尾にrをつける方法がありました。childrenのrはその複数形を示すrです。今日これはchildren以外では消えていますが、例えばlamb（子羊）の複数形はかつてはlambruでした（今日ではlambs）。

　ところが、時代が下って、このrは複数形を示すのだという意識が薄れたために、その当時複数形を作るのによく使われていたenが追加され、今日のchildrenになりました。つまり、childrenのrenは二重の複数形なのです。

　このenという語尾もやがてすたれて、多くがesに変わりました。今日このenはchildren、oxen（ox：雄牛）、brethren*（brother：宗徒、同胞）の3語に残っているだけです。childrenなどが残ったのは、これらがよく使われる単語だったからだと言われています。重要な単語ほど、古い形が残る傾向があります。

*brotherの複数形は基本的にはbrothersですが、「宗徒」の意味の場合はしばしば、「同胞」の意味の場合はときどきbrethrenになります。

●foot – feet：母音を変化させる

　古い時代の英語には、母音を変化させて複数形を作る名詞が数多くありました。今日、これが残っているのは man – men, foot – feet, tooth – teeth, mouse – mice, goose – geese, louse – lice の6語のみです。かつては book の複数形も beek でしたが、book は foot などのように日常的に使われる語ではなかったために（今日では考えられませんが）、語尾に s をつけて複数形を作る流れに飲み込まれてしまいました。

　この母音の変化は、複数形だけでなく、long – length, sell – sale, feed – food などの関係にも見られます。

　ところで、両足で歩くのに on foot（徒歩で）の foot はなぜ単数形なのか、と不思議に思ったことはありませんか？　foot は、古い英語では、前置詞の後にくる場合は単数形が fet、複数形が fotum でした。on foot の foot はこの fotum が変化したもので、もともとは複数形だったのですね。

●sheep – sheep：単複同形

　古い時代の英語には、「長い母音を持つ中性名詞は、単数と複数が同じ形になる」という規則がありました（当時は男性名詞、中性名詞、女性名詞の区別がありました）。sheep や deer が単複同形であるのは、これらの名詞がその規則にあてはまっていたためです。

　fish も単複同形ですが、fish はもともと男性名詞であり、上記の規則にはあてはまりません。実際、複数形に s がつけられていた時代もありました。けれども、やがて魚を1匹1匹ではなく集合体としてとらえる習慣が生まれ、2匹以上でも単に fish と言うようになったのです。

なぜ一般動詞の疑問文には do が使われるのですか？

　疑問文に助動詞の do が使われるようになったのは、16世紀頃のことと言われています。長い英語の歴史の中では、比較的最近のことですね。それまでは、You love me. → Love you me? のように、主語と動詞をひっくり返して疑問文を作っていたのです。

　では、どうして do が使われるようになったのでしょう？　それは古い時代の英語にあった名詞の格変化が消えたことと関係しています。

● 「格変化」とは？

　「格変化」というのは、「〜は」「〜の」「〜を」などに対応して語尾が変化することです。現代英語でも、代名詞は I, my, me のように「〜は」「〜の」「〜を」に対応して変化しますね。この変化が古い英語では名詞にもあったのです。ドイツ語には現在もあります。

　格変化にはどんな利点があるのでしょう？

　She loves him. という文の語順をさまざまに入れ替えて、She him loves. や Him loves she. といった文を作ってみてください。これらの文では、どちらがどちらを愛しているのでしょう？

　やはり「彼女」が「彼」を愛していますね。それは she が「彼女は」という意味であり、him が「彼を、彼に」という意味だからです。つまり、名詞や代名詞が格変化すると、語順が多少変わっても意味が通り、文が安定するのですね。け

れども、格変化は煩雑さという短所を持っています。英語は（代名詞を除いて）それを捨てる道を選びました。けれども、格変化を捨てた結果、語順が決定的な重要さを帯びるようになりました。そして、疑問文においてもS+V+O（主語＋動詞＋目的語）などの基本的な語順を変えずに済むよう、疑問文であることを示すdoという記号が採用されたのです。

●doを用いた疑問文

例を挙げましょう。

The man with a gun in his hand killed the doctor.
（銃を手に持ったその男がその医者を殺した。）

という文を疑問文にすると、

Did the man with a gun in his hand kill the doctor?

です。これを仮にSとVをひっくり返す形の疑問文にすると、

Killed the man with a gun in his hand the doctor?

となって、とてもまぎらわしくなります。doを使った疑問文の優秀性を味わってください。

doはかつて「～させる」という使役動詞の意味を持ち、do him die（彼を死なせる）のように使われていました。そしてこのdoがしだいに助動詞的な役割を帯びるようになり、やがて疑問文を導く記号になったのです。

●do を用いた否定文

否定文においても、昔は do は使われず、I love not（私は愛していない）という形が用いられていました。

けれども、やがて love not him のように動詞と目的語の間に not を置くのは不自然だと感じられるようになり、かといって love him not では動詞と not が離れてしまう、という不都合が生じました。

そこで、疑問文と同じく do が動員され、否定文であることを示す do not を動詞の直前に置いて、I do not love him. とする形が定着したのです。

●be 動詞を用いた疑問文

be 動詞を用いる文では、現在でもＳとＶをひっくり返して疑問文を作りますが、これは be 動詞の作る構文が S+V+C（主語＋動詞＋補語）になることと関係があるようです。

S+V+C の構文では、The man with a gun in his hand is a doctor. のように、S（ここでは the man with a gun in his hand）と C（ここでは a doctor）がイコールで結ばれますね。

そしてＳとＶをひっくり返して疑問文にし、Is the man with a gun in his hand a doctor? のようにＳとＣをくっつけても、両者はイコールなので、それほどまぎらわしくはならないのです。

6 どうして動詞の三人称単数現在形にはsがつくのですか？

　動詞の三人称単数現在形にはsがつきますが、She loves you. の loves についているsを省略しても、何の不都合もないように思われます。このsには、いったいどんな意味があるのでしょう？

　ここに、
　Here comes the teacher. （先生が来るぞ。）
という例文があります。聞き手は、最初の Here comes の段階で、その後に三人称単数の主語が来ることを察知しますね。
　また、最後の語が単数形（teacher）か複数形（teachers）かがたまたま聞き取れなかった場合でも、comes についているsのおかげで、単数形であることが分かります。
　このように、三人称単数現在形のsにも一定の役割が与えられているのです。

このことは、

He who gives fair words feeds you with an empty spoon.

　（言葉の巧みな者は空のスプーンで食べさせる者だ。——口のうまい人の言葉はあてにならない。）

のように、少し複雑な文になるとさらにはっきりします。

　動詞 feed に s がついているおかげで、その主語が直前の words ではないことが自動的に分かるのですね。

　ならば、三人称に限らず、一人称、二人称、さらにはそれぞれの複数形の主語に対応して、動詞に別々の語尾をつければ、文がさらに分かりやすくなるはずです。

　実際、古い時代の英語では、主語によって動詞の語尾がさまざまに変化していました（これは一般に「活用」と呼ばれます）。けれども、前の項目で紹介した名詞の格変化と同じ理由で、動詞の活用は少しずつすたれていきました。そして現代英語には、三人称単数につく s だけが残ったのです。

7　goodとその比較級のbetterはどうして形が全く違うのですか？

betterとbestは、今日ではgoodおよびwellの比較級、最上級ですが、もともとはbatiz（有益な）という別の語の比較級、最上級でした。けれども、やがてbatizは消え、betterとbestが生き残ってgoodおよびwellと結びついたのです。もともと別の語ですから、形が違うのは当然です。

worseとworstも同じような経緯をたどって、badの比較級、最上級になりました。

これと似たようなことが動詞のgoとその過去形wentについても起こっています。wentは、もともと「行く、向きを変える」という意味の動詞wendの過去形でしたが、15世紀頃にgoの過去形に取り込まれたのです。

残されたwendはwendedという新しい過去形を作りましたが、今日ではほとんど使われなくなりました。

さて、be動詞には原型のbeの他にam, are, is, was, were, beenといういくつもの形がありますが、これはみな同じ語だったのでしょうか？　結論から言えば、be動詞はbe-*（成る、存在する）、es-, er-*（在る）、wes-, wer-*（とどまる）という、（意味は似ているものの）別々の3つの語が集合したものです。

am, are, isは形がだいぶ違いますが、いずれも上記のes-, er-に由来するもので、もともとは同じ語でした。beとbeenがbe-から、wasとwereがwes-, wer-からきたものであることは言うまでもありませんね。

＊be-などと表記したのは、-以下がさまざまに変化していたからです。

英語にはなぜ規則動詞と不規則動詞があるのですか？

　英語には過去、過去分詞を作る方法がもともと2種類ありました。そのうちの1つは「母音を変化させ、過去分詞形に en をつける」というものでした。今もこれが残っている動詞としては break – broke – broken が挙げられます。過去形・過去分詞形の母音が変化していますね。これをとりあえず A タイプと呼びましょう。もう1つは、「母音は変化させず、語尾に d または t をつける」というもので、これが後の規則動詞（語尾に(e)d をつけるもの）になりました。これを B タイプと呼びましょう。

　英語の歴史に最初に登場したのは A タイプでした。B タイプは名詞や形容詞から新たな動詞を作るための手段で、後から生まれたものです。その意味では、母音を変化させる A タイプこそが「本家」なのですが、形が簡単な B タイプがしだいに優勢になり、数多くの動詞が A タイプから B タイプに鞍替えしました。例えば help はもともと母音の変化を伴う A タイプでしたが、やがて B タイプに変わったのです。この流れが続いた結果として、今日ではおおむね B タイプが「規則動詞」と、A タイプが「不規則動詞」と呼ばれるようになりました。このことをもう少し詳しく見てみることにしましょう。

●break – broke – broken のタイプ

　母音を変化させるタイプの動詞は、fall – fell – fallen, give – gave – given, write – wrote – written などでは過去分詞形に en がついていますが、多数の動詞でこの en が消えてしまいました。come – came – come, stand – stood – stood, find – found – found などの形の活用が生まれたのはそのためです。en は消えていますが、母音の変化は残っていますね。中には sing – sang – sung や begin – began – begun のように、3

種類の母音が使われているものもあります。

さて、get には get–got–got と get–got–gotten の 2 種類の活用がありますね。これは過去分詞形の en が今まさに消えかかっている例です（イギリスでは完全に消えましたが、アメリカではまだ gotten が使われています。この現象については p.139 を参照してください）。

● bring–brought–brought のタイプ

bring–brought–brought や think–thought–thought は現在形と過去・過去分詞形が大きく異なり、当然不規則動詞に分類されますが、もともとは B タイプの動詞でした。母音も変化していますが、これはウムラウトと呼ばれる一種の同化（p.38参照）によって起こったもので、give の過去形 gave のように「母音が変化しているのが過去形の印」という意味は持たされていません。

● cut–cut–cut のタイプ

現在形、過去形、過去分詞形がすべて同じである cut–cut–cut, hit–hit–hit, hurt–hurt–hurt などは、もともとは語尾に ed をつける規則動詞でした。けれどもこれらの動詞では、その ed が脱落して、どれも同じ形になってしまったのです。cutted（カッティド）や hitted（ヒッティド）とは発音しづらかったのかもしれません。

hear–heard–heard, send–sent–sent, keep–kept–kept なども不規則動詞に分類されていますが、もともとは B タイプでした。

このように、不規則動詞には、母音を変化させて過去、過去分詞を作るタイプのものと、語尾に t あるいは d をつけるタイプが変化したものが交じっていることが分かります。

9 どうして命令文には主語がないのですか？

命令文には主語がなく、動詞で始まりますが、それは主語 you が省略されているからです。つまり Play the piano. という文は You play the piano. の you が省略された形なのです。

なぜ you が省略されるのでしょうか？ それは、誰かに命令するときには、その相手が 1 人の場合であれ、2 人以上の場合であれ、相手は目の前にいて、「あなたは」あるいは「あなたたちは」と言う必要がないからです。2 人しかいない部屋の中で、1 人が Close the door. と言えば、それはもう 1 人（つまり you［あなた］）に向けられているに決まっていますね。あるいは、先生が教室で Study hard. と言えば、それは明らかに生徒全員（つまり you［あなたたち］）に向けられています。

でも、まれに、文頭に主語 you を置く命令文が使われることがあります。例えば、

You go first.

は「（私ではなく）あなたが先に行きなさい —— お先にどうぞ」という意味で、「あなたが」を強調するために go の前に you を置くのです（you を強く発音します）。

また、目の前に何人もいる中で、その 1 人にだけ命令する場合も、

Jack, you stay here.

（ジャック、きみはここに残りなさい。）

のように you を入れることがあります。この you も強調のために置かれるものです。

2 ● 文法に関するもの

10 どうして「~できる」にはcanとbe able toがあるのですか?

　同じ意味の単語や熟語がいくつもある、ということは英語には珍しくありません。

　例えば、「がまんする」という意味の単語、熟語には bear, stand, endure さらに put up with があります。日本語にも「がまんする」の他に「しんぼうする」「耐える」「忍耐する」といった言葉があるのと同じです。そして、それぞれの単語・熟語にはニュアンスの違いがあって、場面によって使い分けられるわけです。

　この例で言えば、口語的な「がまんする」にいちばん近いのは put up with で、逆に文語的な endure は「苦痛をじっと耐え忍ぶ」という感じに使われます。

　けれども、can と be able to の関係は endure と put up with の関係とはちょっと違います。be able to は主に can の不備を補うために使われる熟語だからです。

●canを用いる場合

　「私は泳げる」は、I can swim. と言いますね。これは、I am able to swim. と言い換えることができますが、このように単純に「~できる」と言う場合は can を使うのが普通で、be able to はめったに登場しません。ではどういう場合に be able to が使われるのでしょう?

●be able toを用いる場合
① willやhave（完了形）の後

　can は同じ助動詞の will と重ねて使うことはできません。ですから、例えば「彼女は2、3ヵ月でピアノが弾けるようになるでしょう」では、can の代わりに be able to を使って、

She will be able to play the piano in a few months.

とせざるを得ないのです。また、完了形に can を組み込んで、have can 〜とすることもできませんので、例えば「今までにこの問題を解けた者はいない」は、やはり be able to を使って、

   No one has ever been able to solve this problem.

としなければなりません。

②相手の能力を問う（依頼の Can you〜 との区別）

　be able to が使われるケースはまだあります。「あなたはこのトラックを運転できますか？」と尋ねる場合、Can you drive this truck?と言えば、「このトラックを運転してくれませんか？」と依頼していると受け取られる可能性があります。ですから、相手の能力を問う場合は、

   Are you able to drive this truck?

と言う方が間違いがないのです。

③過去の能力を表す（仮定法の could との区別）

can の過去形 could については、これとは別の問題が生じます。例えば She could play the piano. は、「彼女はピアノを弾くことができた」という意味になるとは限りません。このような単文で could が使われる場合は、むしろ仮定法であることが多いからです。

その場合、この文の意味は「彼女はその気になればピアノを弾けるのに」になります（これについては p.57 を参照してください）。ですから、「過去の能力」について言う場合は、could を避けて、

She was able to play the piano.

とするのが普通です。

中学校の試験には can と be able to の書き換えの問題がよく出ますが、それはこの２つが対等に使われているという意味ではありません。be able to は主に can の不備を補うために使われるのです。

まとめ

can や could の代わりに be able to が使われるのは
① can の使えない will や have（完了形）の後。
②依頼の意味に使われることのある Can you〜 を避けるため。
③仮定法に使われることのある could を避けるため。

11 will と be going to に違いはあるのですか？

　will と be going to は、多くの場合同じ意味に用いられます。be going to の方がより口語的ですが、区別せずに使っても間違いにはなりません。ただし、以下の2点は覚えておいた方がいいでしょう。

① be going to はしばしば will よりも近い未来を表すときに用いられる。
　It will rain. （雨が降るでしょう。）
　It's going to rain. （雨が降り出しそうです。）

② be going to はしばしば will よりも話し手の予測や確信の強いときに用いられる。
　She will become very beautiful.
　（彼女はとても美しくなるでしょう。）
　She is going to become very beautiful.
　（彼女はきっととても美しくなります。）

be going to に関してよく尋ねられるのは、be going to go あるいは be going to come と言っても構わないか、ということです。

理屈から言えば、be going to は全体で1つのユニットになっていて、go の「行く」という意味は消えていますから、「私はそのパーティーに出るつもりです」は I'm going to go to the party. と言っても構わないはずです。

でも普通この言い方は避けられ、I'll go to the party. とか、近い将来であれば I'm going to the party. などと言い換えられます。

be going to go は、go が重なってくどい感じになり、嫌われるのですね。でももちろん誤りとは言えません。アメリカではこの形を使う人が増えているとも言われています。

上の I'm going to the party. のように、近い未来を表すのに現在進行形が使われることがあります。そもそも be going to は、これからスタートしたのですね。

ここで will と shall の違いにも触れておきましょう。will と shall には本来はとても難しい使い分けがあって、ネイティブでも悩むほどだと言われていますが、今日の会話では shall はほとんど使われず、多くが will で代用されるようになりました。shall に関しては、次の2つのケースを覚えておけば十分です。

①主語が二人称、三人称である文で話し手の意志を表す shall

You shall not have any more money.

　（きみにはもう金は出さないよ。）

He shall not come here. （彼をここへは来させないぞ。）

どちらの例でも、you や he の意志ではなく、直接には出ていない I（話し手）の意志が示されていることに注目してください。これは非常に強い表現で、普通は喧嘩口調あるいは命令口調で言います。

②相手の考えを問う shall

　Shall I stay here?（私はここにとどまりましょうか？）

　What shall we do?（何をしましょうか？）

　ただし、Shall I〜? は、今日では Do you want me to〜? と言い換えるのが普通です。

まとめ

●will と be going to は、①「be going to がしばしばより近い未来を表す」、②「be going to がしばしば話し手のより強い予測や確信を表す」以外は、ほぼ同じ意味に使われる。

●be going to go (come)〜は間違いではないが、しばしば避けられる。

●今日では、①「主語が二人称、三人称の文で話し手の意志を表す shall」、②「相手の考えを問う shall」以外は、will で代用されるようになった。

12 使役動詞 make, let, have はそれぞれどう使い分ければいいのですか？

　使役動詞の make, let, have は、いずれも「動詞＋目的語＋to のない不定詞」という形をとり、しかも「～に…させる」と訳すことができますので、しばしば混同されます。けれども、この3語は実際にはかなり違った意味に使われますので、しっかり区別しておく必要があります。それぞれの用法を見てみましょう。

●make（強制）

　make は「命令して～させる」の意味に使われます。相手がそれをしたいと思っているかどうかは問題にしません。例えば、

　I made her go.

は「（彼女が行きたがっていたかどうかにかかわらず）私は彼女を行かせた」という意味です。この make を force（強いる）に置き換えると強制の意味がさらに強まりますが、その場合は They forced him to work.（彼らは彼を無理やり働かせた）のように to を入れる必要があります。

I made her go.

●let（許可）

　一方、let は「～するのを許す」の意味に使われます。相手がそれをしたいと思っている、ということが前提になっています。ですから、

I let her go.
は「(彼女が行きたがっていたので)私は彼女を行かせた」という意味です。この let を allow（許す）に置き換えると、許可の意味がさらに強まりますが、allow の場合は They allowed her to go to the party.（彼らは彼女がそのパーティーに行くのを許した）のように、to を必要とします。

●have（依頼）

　have は make よりも強制の度合いが弱く、主に①「ある職業の人に料金を払って〜してもらう」、②「目下の者に〜させる」の意味に使われます。以下がそれぞれの例文です。
① I had the mechanic repair my car.
　（私はその自動車工に私の車を修理してもらった。）
② We had our son carry the bag.
　（私たちは息子にそのバッグを持たせた。）
　したがって、「私は先生に原稿を直してもらった」と言うときは、have は避けて、I asked my teacher to correct the manuscript. のように言う必要があります。なお、get もこの have とほとんど同じ意味に使われますが、get の場合は to が必要で、I got my wife to come to pick me up.（私は妻に迎えに来てもらった）のように言います。
　have はまた、「have＋目的語＋過去分詞」の形で、「〜を…してもらう」の意味に使われることがあります。この場合の目的語は主に物で、I had my room cleaned.（私は私の部屋を掃除してもらった）のように言います。

まとめ

　使役動詞の make, let, have は、いずれも「動詞＋目的語＋to のない不定詞」の形をとり、「〜に…させる」と訳せるが、make は強制を、let は許可を、have は依頼を表す。

---

13. I finished the work. と I have finished the work. は要するにどこが違うのですか？

　現在完了は「過去に起こったことの結果が、何かの形で現在に残っている」ことを示す表現です。上の設問の例で言うと、I have finished the work. は「私はその仕事を仕上げて、その成果を保持している」ことを表しています。

　では I finished the work. の方はどうでしょうか？　こちらは単に「私はその仕事を仕上げた」ことを表しています。その仕上げた仕事が現在どうなっているかには言及していないのです。でも、その仕事の成果は今も残っているかもしれません。つまり、事実関係だけを取り上げれば、この2つの文は同じことを表しているかもしれないのです。

　ではいったい何が違うのでしょう？　それは話し手の意識です。I have finished the work. と言うとき、話し手は自分が「今その成果を保持している」ことを意識しています。一方、I finished the work. と言うときは、話し手は「仕上げた」ことを意識しているだけで、それがその後どうなったかは問題にしていません。逆に言えば、「仕事を仕上げ、その成果が今も残っている」からといって、必ず現在完了にしなければならないということはないのです。

● 現在形・過去形・現在完了形の訳し方

　さて、次の3つの文を和訳してみてください。

① He is ill.
② He was ill.
③ He has been ill.

　①は「彼は病気だ」、②は「彼は病気だった」です。簡単ですね。では③は？……③の和訳は、実はプロの翻訳家でも頭を悩ませます。もちろんその意味は分かります。「彼は過去のある時点からずっと病気で、今も病気だ」ということです。でも、自然な日本語に置き換えづらいのですね。その理由は明白です。日本語には「現在完了」という発想がないからです。

　このため、現在完了はしばしば過去形と同じように訳されることになります。そしてそのことは、「訳語に頼っていたのでは、いつまでも現在完了を理解できない」ということを示唆しています。現在完了は一般に、①完了（ちょうど～したところだ）、②結果（～した、～してしまった）、③経験（～したことがある）、④継続（ずっと～している）の4つに分類されますが、これは現在完了の内容を完全に示すものではありません。実際の英文にあたってみればすぐに気づくことですが、4つのどれかにきっちりあてはまるものは少なく、またあてはめて考える必要のないものも多いのです。

●現在形の一種である現在完了

　現在完了の have は「持っている」という本来の意味を失い、記号化しています。けれども歴史的には、She has done her homework. は、She has her homework which is done.（彼女は仕上げられた宿題を持っている）の has と done が結び付き、新しい形式として生まれたものです。そして今日の She has done her homework. の has も「持っている」という意味を宿しています。このように考えれば、現在完了は現在形の一種だということに思い当たるでしょう。分類にこだわらず、「『結果を保持している』ことを表すのが現在完了だ」ととらえなおしてみてください。

14 used to と be used to は別々の言い方なのですか？

　used to と be used to は別々の表現で、used to～が「よく～したものだ」という過去の習慣を表すのに対し、be used to～は「～に慣れている」を意味します。また、used to～の～には動詞の原形が入るのに対し、be used to～の～には名詞あるいは代名詞が入ります。

　この2つのうち、used to は非常に重要な表現で、現在完了の裏側を一手に引き受けています。前の項目で説明したように、過去形は「過去に何かをした」ことを表すだけで、それが現在にも及んでいるかどうかには言及していません。一方現在完了は「過去に何かをしたことが現在にも及んでいる」ことを表しています。そして「過去に何かをしたことが現在には及んでいない」ことを表すのが used to なのです。

　さて、used to と be used to は非常にまぎらわしい表現です。
　I used to walk in the rain without an umbrella.（私はよく傘をささずに雨の中を歩いたものだ［今はそんなことはしない］。）
　I am used to walking in the rain without an umbrella.
　（私は傘をささずに雨の中を歩くのに慣れている。）
のような例文を暗記して、その違いを頭に叩き込んでください。

■ use の音は濁らない！

　なお、used to でも be used to でも use の s の音が濁らず、used to が [júːsttə] と発音されますが、これは同化と呼ばれる現象が起きるためです。used の有声音（濁る音）が無声音の to に影響され、無声音に変わるのですね。

　これは have to [hǽftə] や of course [əfkɔ́rs] などにも起こっています。cups が [kʌ́pz] ではなく [kʌ́ps] と発音されるのも、walked が [wɔ́ːkd] ではなく [wɔ́ːkt] と発音されるのも同化のためです。

15 目的語に to do（不定詞）をとる動詞と、doing（動名詞）をとる動詞を、区別する方法はありませんか？

　不定詞の名詞用法（to do）も動名詞（doing）も、動詞を名詞に変えて使う方法で、どちらも一般的に「～すること」と訳されます。名詞として扱われますから、共に主語にも、目的語にも、補語にもなることができます。

●主語および補語になる場合

　不定詞を主語にする文には、例えば、
　To master English is not easy.（英語を習得するのは容易ではない。）
があります。けれども、これはやや堅苦しい文で、普通は形式主語のit を使って、
　It is not easy to master English.
のように言います。
　動名詞が主語になる文の例としては、有名なことわざの
　Seeing is believing.
　（見ることは信じることだ。── 百聞は一見にしかず。）
が挙げられます。Seeing が主語、believing が補語ですね。この文は不定詞を使って、
　To see is to believe.
と書き換えることができます。つまり、主語および補語になる場合は、不定詞の名詞用法と動名詞は原則として互換性があるのです。

●目的語になる場合

　さて、問題はこれらが動詞の目的語として使われる場合です。多くの動詞が不定詞、動名詞のどちらか一方だけをとるからです。
　例えば mind（気にする）は目的語に動名詞をとる動詞で、Do you

mind opening the window?（窓を開けてもらえませんか？）とは言えるものの、Do you mind to open the window? とは言えません。これは試験問題の格好の材料になりますから、痛い目にあった人も多いでしょう。

　でも幸い、個別に覚えなくても、不定詞をとる動詞と動名詞をとる動詞はおおよそ区別することができます。

①不定詞をとる動詞

> **wish**（願う）、**want**（欲する）、**promise**（約束する）、**care**（したいと思う）、**aim**（ねらう）、**mean**（つもりである）、**decide**（決める）、**choose**（選ぶ）、**fail**（失敗する）、**refuse**（拒む）など。

　to＋不定詞の to は、今日では不定詞を示す記号になっていますが、もともとは前置詞で、「〜へ」という本来の意味を宿しています。現在完了の have と同じですね（p.37参照）。

　ですから、不定詞を目的語にとる動詞は「向かう気持ち」、つまり希望や意志を含むものがほとんどなのです。「これから先のことに関係している」と言うこともできるでしょう。ただし、例に挙げた fail はこれにはあてはまりません。

②動名詞をとる動詞

> **mind**（気にする）、**give up**（やめる）、**enjoy**（楽しむ）、**avoid**（避ける）、**finish**（終える）、**keep**（続ける）、**admit**（認める）、**escape**（逃れる）など。

　不定詞をとる動詞とは、はっきり異なることが分かると思います。動名詞は純粋に「〜すること」という意味ですので、これをとる動詞は意志や希望を含まず、おおむね現在のことに関係しています。

　なお、stop という動詞は動名詞をとり、

She stopped smoking.(彼女は喫煙することをやめた［禁煙した］。)
のように使われます。けれども、
She stopped to smoke.
と言う場合もあり、こちらは「彼女はタバコを吸うために立ち止まった」という意味になります。ただしこの to smoke は副詞用法です。

③どちらもとるけれども、意味が異なる動詞

> **remember**（覚えている）、**forget**（忘れる）、**regret**（残念に思う）など。

次の２つの文を比較してみましょう。
I remember writing to her.
（私は彼女に手紙を書いたことを覚えている。）
I remember to write to her.
（私は彼女に手紙を書くべきことを覚えている。）

remember writing が事実を述べているのに対し、remember to write が「向かう気持ち」を含んでいることに注目してください。これが動名詞と不定詞のキャラクターの違いです。

　同じように、forget～ing は「～したことを忘れる」、forget to～ は「～するのを忘れる」を意味します。

　また、regret～ing は「～したことを後悔する」で、regret to～ は「～することを残念に思う、残念ながら～する」です。

④どちらもとり、意味も（ほとんど）変わらない動詞

> **begin**（始める）、**start**（始める）、**continue**（続ける）、**like**（好む）、**hate**（嫌う）など。

　begin や start などの場合は、目的語が不定詞でも動名詞でも同じ意味になります。このグループに入る動詞はそれほど多くありません。

　なお、I hate smoking. と I hate to smoke. には微妙な違いがあります。I hate smoking. が一般論として「私は喫煙が嫌いだ」と言っているのに対し、I hate to smoke. は「（他人はともかく）私は喫煙したくない」と言っていることになります。やはり不定詞は「向かう気持ち」を含んでいますね。

16 How is your family? が正しいのですか？
How are your family? が正しいのですか？

　英語の名詞には「数えられる（countable）」ものと「数えられない（uncountable）」ものの2種類があります。数えられる名詞は、1つ（1人）の場合はa (an) をつけ、2つ（2人）以上の場合は複数形にします。数えられない名詞は基本的には単数として扱います。

　けれども、名詞の中には、数えられるのか、数えられないのか、単数扱いなのか、複数扱いなのかが見極めにくいものもあります。それらをまとめて紹介しましょう。

①形は単数であるものの、常に複数扱いされる名詞

　「数えられない名詞は基本的には単数として扱う」と書きましたが、それには例外があります。数えられない名詞の中には、形としては単数であるものの、複数の人（あるいは家畜）から成り立っていて、常に複数扱いされる名詞があるからです。代表例は people（人々）、police（警察）、cattle（牛）で、

　The police are looking for the man.（警察がその男を捜している。）
のように言います。

　なお、people は通常の「人々」の意味ではこのグループに入りますが、「民族、国民」の意味では次の②にあてはまります。

②複数の人から成り立っているものの、集合体としてとらえられ、数えられる名詞として扱われるもの

　party（団体、党）や crowd（群集）がこれにあてはまります。数えられる名詞ですから、a party, two parties のような単数形、複数形があります。このグループの語を先行詞とする関係代名詞は who ではなく which です。family もこの仲間に入りますので、

A family lives in the cabin.（ある家族がその小屋に住んでいる。）のように言います。ただし、個々の構成員を意識する場合は、My family are all well.（私の家族はみな元気だ）のように複数扱いにします。この場合に限って、family は①の仲間に入るのですね。もっともアメリカ人はこれも②とみなし、My family is all well. と言う傾向が強いそうです。つまり How is your family?、How are your family? のどちらも正しいことになるのですね。同じことが class（学級）、audience（聴衆）、committee（委員会）にもあてはまります。

③形は複数形であるものの、数えられない名詞であり、単数として扱われるもの

news（ニュース）や means（手段）、それに mathematics（数学）などの学問の名前、measles（はしか）などの病気の名前には複数形の s がつきますが、これらは数えられない名詞であり、常に単数扱いされます。No news is good news.（便りのないのは良い便り ―― ことわざ）のようにです。

■ sheep と deer
　sheep と deer は複数形に s がつかず、単数形と同形ですが、数えられる名詞であることに変わりはありません（p.17参照）。これらのグループと混同しないようにしてください。

④日本人の感覚では単体でも、英語では複数として扱われる名詞

trousers（ズボン）や pants（ズボン、パンツ）のように対になった2つの部分から成る衣類は一般に複数扱いにし、
　Where are my trousers？（ぼくのズボンはどこ？）
のように言います。scissors（はさみ）、glasses（眼鏡）などの道具類

についても同様です。そしてその個数を示すときは、pair of を用い、単数扱いにして、

There is a pair of scissors on the table.
（テーブルの上にはさみが一丁ある。）

のように言いますが、それに続けて「それを持ってきてよ」と言う場合は Bring them to me, please. とし、複数扱いにします。

■ その他の単数・複数名詞

every＋名詞、each＋名詞はどちらも単数として扱われます。

nobody や no one も単数扱いで、No one knows it.（誰もそれを知らない）のように言います。

no one がつながってできた語、none も本来は単数扱いですが、None of the students were present.（その学生たちは誰も出席していなかった）のように、しばしば複数として扱われます。None が普通「none of＋名詞（代名詞）の複数形」の形で用いられるため、その複数形に引きずられるのですね。

None of the Students were present.

―――― まとめ ――――

① people や police は常に複数扱いされる。
② crowd や family は数えられる名詞として扱われるが、family は複数扱いされることもある。
③ news や means は常に単数扱いされる。
④ trousers や scissors は常に複数扱いされる。

17 always や sometimes などの副詞は、文のどの位置に入れればいいのですか？

　副詞（副詞句）を文のどの位置に入れるかは、なかなかに難しい問題です。「修飾する語のなるべく近くに置く」というおおまかな原則の他に、いくつもの細かな規則がありますが、それらを覚え込むことはお勧めできません。あまりに煩雑で、例外も多いからです。それよりもできるだけ多くの英文に接し、優れた例文を暗記して、自然に副詞の位置を身につけていくのがよいでしょう。

　以下に副詞の位置についての規則の一部を紹介します。覚えておいて損のないものばかりです。

●動詞を修飾する副詞

　動詞を修飾する副詞に関しては、「動詞の直前に置く、ただし be 動詞の場合はその直後に置く」という原則があります。

①often や always, almost, nearly, never, hardly, even など

　時を示す副詞である often や always、それに almost, nearly, never, hardly, even などはこの原則に従いますので、次のような位置に入れます。

　He often walks to school.（彼はしばしば学校へ歩いて行く。）
　I almost forgot to bring it.
　（私はそれを持ってくるのをもう少しで忘れるところだった。）
　My brother and I are always quarreling.
　（私の兄弟と私はけんかばかりしている。）
　── my brother and I は we と同じように扱います。

＊助動詞がある場合は、He has never been to France.（彼はフランスに行ったことがない）のように、助動詞の直後に副詞を置きます。

②sometimes, soon, recently など

一方、sometimes, soon, recently のように漠然と時を示す副詞は位置取りが自由で、

He sometimes gets angry.

Sometimes he gets angry.

He gets angry sometimes.

（ときどき彼は怒る。）

She recently got married.

Recently she got married.

She got married recently.

（彼女は最近結婚した。）

のように、動詞の直前にも、文頭にも、文尾にも置くことができます。

③yesterday, tomorrow, this evening など

また yesterday, tomorrow, this evening のように定まった時を示す副詞（副詞句）は、動詞というよりも文全体を修飾するため、

Yesterday he left for New York.

（昨日彼はニューヨークへ旅立った。）

She will come this evening. （彼女は今晩来るでしょう。）

のように、文頭あるいは文尾に置きます。

She is only a child.

『彼女は ほんの 子供だ』

■only

　文中のどの語を修飾しているのかが見極めづらい副詞に、onlyがあります。

　only は名詞、代名詞、動詞、形容詞、副詞などを修飾し、普通は She is only a child.（彼女はほんの子供だ）や I only lent it to him.（私はそれを彼に貸しただけだ）のように修飾する語の直前（あるいは直後）に置かれます。

　けれども、口語では、She only came back yesterday.（彼女は昨日帰ってきたばかりだ）のように、修飾する語ではなく動詞の直前に置かれる傾向にあります。上の文では修飾の対象は yesterday ですから、本来は She came back only yesterday. とするべきところです。これは慣れるしかありませんね。

●前置詞から転用された副詞で動詞を修飾する場合

　on, up, down, out, off などの前置詞から転用された副詞で他動詞を修飾するときは、

①目的語が名詞の場合は、副詞を目的語の前後どちらに置いてもよい。

　put on the jacket　　put the jacket on（その上着を着る）

②目的語が代名詞の場合は、副詞を常に目的語の後に置く。

　put it on（それを着る）　　take it off（それを脱ぐ）

③目的語が句あるいは節の場合は、副詞を常に目的語の前に置く。

　They set up a bright sign.（彼らは派手な看板を立てた。）

●複数の副詞の並べ方

2つ以上の副詞（句）を並べる必要のあるときは、以下の原則を思い出してください。

①場所や時に関する副詞（句）は、小さな単位→大きな単位の順に並べる。

The office is located in a building on a broad street in the city.
（そのオフィスはその市の広い通りに面した建物の中にある。）

②場所→時の順に並べる。

We played baseball in the park two days ago.
（私たちは2日前にその公園で野球をした。）

③場所や時に関するものに限らず、簡単なもの→長いものの順に並べる。

I talked with her yesterday in my room after she came back.
（私は昨日彼女が帰ってきた後私の部屋で彼女と話した。）

まとめ

- ●動詞を修飾する副詞には、「動詞の直前に置く、ただしbe動詞の場合はその直後に置く」という原則があるが、例外も多い。
- ●onやupなどの前置詞から転用された副詞で動詞を修飾するときは、目的語が代名詞の場合は副詞を常にその後に置く。目的語が名詞の場合はどちらでもよい。目的語が句あるいは節の場合は副詞を常にその前に置く。
- ●複数の副詞を並べるときの原則──①場所や時に関する副詞（句）は、小さな単位→大きな単位の順に並べる。②場所→時の順に並べる。③簡単なもの→長いものの順に並べる。

18 前置詞の使い方をマスターする近道はありませんか？

　to, in, for, on, of, at などの主要な前置詞が、さまざまな意味に使われ、しかもその意味がしばしば区別しづらいことが、英語習得の妨げになっていますね。でも、前置詞の使い方にも一定のルールがあります。「近道」と呼べるかどうかは分かりませんが、それをマスターするためには、①日本語の訳語に頼らない、②似た意味の語の違いを重点的に学習する、という姿勢が求められます。

　日本語の訳語に頼るのが危険なのは、日本語の「〜で」「〜に」「〜へ」などがあまりに広い意味に使われるからです。これらに比べると、英語の前置詞の使い方は限定的です。ですから、訳語に頼らず、それが具体的にどんな意味に使われているかを見極める必要があるのです。

　また、意味の似た前置詞の差異を学習していくと、自然にそれらの語の特性が飲み込めるようになります。その差異は、しばしば非常に微妙で、例外も少なくありませんが、よく比較すると、それぞれの前置詞が当初感じたよりも、規則的に使われていることが分かってくるのです。ではその差異を簡単にまとめてみましょう。

●時に関係する前置詞

① 時に関係する **at, in, on** はいずれも「〜に」と訳されるが
　at：時の一点を表す　at the moment（その瞬間に）
　in：幅のある期間を表す　in winter（冬に）、in the past（過去に）
　on：主に決まった日を表す　on the following day（その翌日に）

② **since, from** はどちらも「〜から」と訳されるが
　since：「〜から今までずっと」
　　We have known him since he was a child.

(私たちは彼を子供の頃から知っている。)

from:「～から始まって」
    from morning till night（朝から晩まで）

③ **till, by** はどちらも「～まで」と訳されるが
  till:「～までずっと」
    I'll be home till 5.（私は5時まで家にいる。）
  by:「～までには」
    I'll be home by 5.（私は5時までには帰宅している。）

④ **in, after** は共に「～後に、～経って」の意味に使われるが
  in:主に未来のことに使われる
    I'll be home in a week.（私は1週間後に戻ります。）
＊ここでは、in は①の幅のある期間ではなく、時の一点を表す。
  after:主に過去のことに使われる
    I met her after a week.（私は1週間後に彼女に会った。）

⑤ **for, during** はどちらも「～の間」と訳されるが
  for:一般的な期間を表す　for a while（しばらくの間）
  during:
    ⅰ.「～の間ずっと」
    He stayed there during my absence.
    （彼は私の留守中ずっとそこにとどまっていた。）
    ⅱ.「～の間に」
    I often visited her during my vacation.
    （私は休暇中よく彼女のところに行った。）

●場所に関係する前置詞

① 場所に関係する **at, in** はどちらも「〜に」と訳されるが
at は相対的に見て狭い地点を、in は広い区域を表す。
　　at a town in France（フランスのある町に［で］）
　　at Shibuya in Tokyo（東京の渋谷に［で］）
＊これはあくまで原則で、狭い地点でも「その中にある」ことを示すときは at a building in Shibuya のように in を使う。

② **on, above, over** はいずれも「〜の上に」と訳されるが
on：表面に接していることを表す（必ずしも「上」でなくてもよい）
　　a picture on the wall（壁に掛かっている絵）
above：「表面から離れて上に」
　　3,000 feet above sea level（海抜3000フィート）
over：「上方に（覆いかぶさるように）」
　　the bridge over the river（その川に架かった橋）
＊below は above の逆、under は over の逆。
　　below sea level（海面より下に）
　　a boat under the bridge（橋の下の舟）

③ **to, for, toward** はいずれも「〜に向かって」と訳されるが
to：方向に加え、到達したことを暗示する
　　He ran to the tree.
　　（彼はその木に向かって走った［そして着いた］。）
for：「〜目がけて」（着いたとは限らない）
　　He ran for the tree.（彼はその木を目指して走った。）
toward：「〜の方向に」（目指しているとは限らない）
　　He ran toward the tree.（彼はその木の方向に走った。）

④ **out of, from, off** はいずれも「〜から」と訳されるが
　out of：「〜から外へ」
　　　jump out of the window（窓から外へ飛び出す）
　from：「〜から始まって」（運動の起点）
　　　jump from the window to the pavement
　　　（窓から舗道へ飛び降りる）
　off：分離を表す　jump off the roof（屋根から飛び降りる）

⑤ **in front of, before** はどちらも「〜の前に」と訳されるが
　in front of：単なる位置、場所としての「前に」を表す
　　　stand in front of the building（その建物の前に立つ）
　before：対比、対立の意味を含み、しばしば比喩的に用いられる
　　　stand before the judge（裁判官の前に立つ）

●その他

① 材料を示す of, from はいずれも「〜で」と訳されるが
of：材料が原型をとどめている場合に使う
  a desk made of wood（木製の机）
  a house of brick（レンガ造りの家）
from：材料が原型をとどめていない場合に使う
  Brandy is made from wine.
  （ブランデーはワインから作られる。）

② by, with はどちらも「〜で、〜によって」と訳されることがあるが
by：主に行為の主体を表す
  The building was destroyed by the earthquake.
  （その建物は地震によって破壊された。）
with：道具、手段を表す
  He was killed with a gun.（彼は銃で殺された。）

③ at, for, of, from が原因、理由を表すことがあるが
at：感覚的な原因を表す
  be surprised at the news（そのニュースに驚く）
for：心理的な理由を表す
  shout for joy（うれしくて大声を上げる）
  We are sorry for your misfortune.
  （ご不幸をお気の毒に思います。）
of：直接的な原因や動機を表す
  die of heart attack（心臓発作で死ぬ）
from：出所、起源を表す
  die from overwork（過労がもとで死ぬ）
  judging from〜（〜から判断すると）

19 「もし〜なら」と仮定するのが仮定法ですか？

　if〜（もし〜なら）と仮定したからといって、仮定法になるとは限りません。仮定法というのは、現実とは異なることを仮定するものだからです。

　仮定法を学ぶにあたっては、まず基本になる仮定法過去をしっかり理解する必要があります。

●仮定法過去

　① If you can speak English, you will be hired.
　② If you could speak English, you would be hired.
の2つの文を比べてみてください。

　①は「もし英語を話せれば、あなたは雇われるでしょう」という意味ですが、これは単なる「仮定を含む文」であって、仮定法ではありません。事実に反することが仮定されていないからです。

　②は仮定法過去の文で、現実とは異なることを仮定しています。つまり実際には「あなた」は英語を話せず、したがって雇われることもないのです。でも、話し手は「もし英語を話せれば、あなたは雇われているでしょう」と言っているのですね。とても屈折した言い方です。現在のことを言うのに、わざわざ過去形を用いるのは、その屈折を示すためです。

●仮定法過去完了

　仮定法過去が現在の事実に反することを仮定するのに対し、仮定法過去完了は過去の事実に反することを仮定します。

　If I had had money, I could have stayed at the hotel.
という文では、実際には起こらなかったことが仮定されています。実

際には「私」は、金を持っていなかったために、そのホテルには泊まれなかったのですね。でも、「私」は「もし金を持っていたら、そのホテルに泊まれただろう」と言っているのです。時制はやはり1つずれて、ifで始まる従属節は過去完了(had+過去分詞)、主節は「助動詞の過去形+have+過去分詞」の形になります。

●ifのない仮定法

仮定法の中には、ifで始まる従属節がないものもあります。次の文を見てください。

The two of you would fight about how much rain came down in the last shower.

（おまえたち2人はこの前のにわか雨がどれだけ降ったかで喧嘩しかねないな。）

過去のことを言っているわけではないのに、過去形のwouldが使われていますから、この文は仮定法で、事実に反することが仮定されています。つまり、話し手は、2人が実際に「にわか雨がどれだけ降ったかで喧嘩する」とは思っていないのです。でも、そう言いたくなるほどこの2人はささいなことで喧嘩ばかりしているのですね。

一方、もしこの文のwouldをwillに変え、The two of you will fight 〜．とすれば、それはストレートな言い方で、話し手はこの2人が実際に「にわか雨がどれだけ降ったかで喧嘩するだろう」と思っていることになります。

●不満を示す仮定法

① It is time you go to bed.

② It is time you went to bed.

①、②ともに日本語に訳せば「もうおまえは寝る時間だ」になります。でもこの2つには微妙な違いがあります。①はストレートな言い方で、話し手は相手に「寝る時間がきた」という情報を与えているだ

けです。一方の②はわざわざ過去形を使っていますので、仮定法です。そしてこれは、「もう寝ているべき時間なのにおまえは寝ていない」という話し手の不満、いらだちを表しているのです。仮定法にはそのような使い方があるのですね。

I wish I could fly like a bird.（私が鳥のように飛べたらいいのに。）は仮定法の例文としてよく出てくるものですが、これも「願望と現実のギャップ」への不満を表す言い方です。

You could help me. もこの仲間に入ります。これは「あなたは（その気になれば）私を手伝うことができる（のに手伝ってくれない）」という意味で、暗に相手を非難しています。本当は怒っているのに怒っているとは言えない、だから仮定法を使ってチクリ、というわけです。

●断定を避ける仮定法

仮定法は「事実に反することを仮定する」という原則から離れて使われることがあります。言わば「仮定の意味の弱まった」仮定法なのですが、おかげで仮定法はいっそう分かりづらいものになっています。

この仮定法の使い方は、ひとまとめに「断定を避ける仮定法」と言うことができます。それは、「〜ということもあり得る」「〜しても構わない」「〜といったところだ」といったニュアンスを出すためのもので、話の内容が不確実であることを表すこともあれば、本当はしたくないと匂わせていることもあります。以下がその例です。

It would be about two miles from here to the station.
（ここから駅までは2マイルといったところでしょう。）
I would rather stay home.
（私は家に居ようかな。）
I could go there with you tomorrow.

（私は明日あなたと一緒にそこへ行っても構いません。）

　最後の例の場合、仮定法の could を使うことで、話し手は押し付けがましくならないよう配慮しているのかも、「あなたが是非にと言うなら行ってもいいよ」と少し恩着せがましい態度を示しているのかもしれません。どちらであるかは状況で判断するしかないのですね。

　「断定を避ける仮定法」の中で、おそらく最も頻繁に使われるのが、「断定を避けることでていねいさを出す」用法でしょう。次の2つの文を比べてみてください。
　① Will you open the window?（窓を開けてくれない？）
　② Would you open the window?（窓を開けてくれませんか？）
　①がストレートな言い方、②が仮定法です。②は断定を避けているために表現が和らいで、①の少しいばった感じが消えるのですね。この用法は英語の敬語表現の重要な部分を担っています（敬語表現については p.121 を参照してください）。

　けれども、仮定法を使えば必ず表現がていねいになるとは限りません。前述の You could help me. のように相手を軽く非難するために仮定法が使われることもある、ということを覚えておいてください。

まとめ

- ●「現実とは異なること」を仮定するのが仮定法の基本。現在のことを述べるのにわざわざ過去形を用いるのは、現実ではないことを示すため。
- ●仮定法は「願望と現実のギャップ」への不満を表すこともある。
- ●仮定法には「断定を避ける」ための用法があり、仮定法を分かりづらいものにさせている。敬語表現に用いられる仮定法はその仲間に入る。

20 must と have to はどう使い分ければいいのですか？

must と have to は原則的には全く同じ意味で、互換性があります。must は他の助動詞と一緒には使えませんので、その場合は have to を使って You will have to go to New York.（あなたはニューヨークに行かなければならなくなるでしょう）のように言います。

●通常会話においてよく使われる have to

けれども、実際には must と have to には微妙な違いがあります。例えば、You have to do this job. が客観的に「あなたはこの仕事をしなければならない」と言っているだけなのに対し、You must do this job. にはしばしば話し手の主観が込められ、「したくないかもしれないが、しなくてはいけない」とか、「まだやっていなかったのか。早くしなさい」といったニュアンスが加わるのです。ですから、通常の会話では、相手を非難していると受け取られないよう、must は避けられる傾向にあります。

You have to do this job.
あなたはこの仕事をしなければならない
はーい

You must do this job.
したくないかもしれないが しなくてはいけない
早くしなさい

Must I meet him? も、「私は彼に会わなくてはならないの？──でも会いたくないなあ」という意味に受け取られる恐れがありますので、普通は Do I have to meet him? と言います。

●must を用いる場合

一方 We must do something to save the people. という文では must がぴったりです。「(困難はあるかもしれないが) 私たちはその人々を救うために何かをしなくてはならない」というニュアンスです。

must には過去形がありませんが、これは must 自体がもともと過去形 (しかも仮定法の過去形) だったことによります。must の持つニュアンスは仮定法的ですが、must がもともと仮定法の過去形だったことを思えばそれも納得がいくでしょう (仮定法については前の項目を参照してください)。

21 It rained. の it は何ですか?

「天候のit」と呼ばれているIt rained. やIt is cold. などのitは、全く意味を持たない語です。代名詞であるitの本来の用法は「すでに出ている何かを指す」ことですが、このitは何も指さないのです。簡単に言えば、このitは飾りに過ぎません。

●飾りのitの役割

ではなぜこのitが使われるのでしょう? 1つには、英語の文は主語がないと収まりが悪い、ということが挙げられます。「昨日雨が降った」はRained yesterday. で十分なはずですが、何か物足りないのですね。もう1つには、動詞がbe動詞の場合、itがないと疑問文とまぎらわしくなるからです。

● さまざまな飾りの it

この飾りの it には、天候の it の他に、時の it (It is 10 o'clock.) や距離の it (It is two miles from here to the station.) があります。また How's it going? (p.94参照) の it のように慣用的に用いられるものもあります。

It seems that she loves him. の it も飾りの it です。it が that she loves him を指しているとすれば、That she loves him seems. が成り立つはずですが、これは英文になっていませんね。口語では、Seems that she loves him. の様にしばしばこの it が省略されますが、飾りですからなくても何の問題もありません。

● 「何かを指す」it

一方、It is easy for him to swim 100 meters. の it は、同じように日本語には訳せないものの、to swim 100 meters を指している (To swim 100 meters is easy for him. が成り立つ) という意味で、これらとは基本的に異なります。この it は「すでに出ている何か」ではなく「後に出てくる何か」を指していますが、何かを指していることに変わりはないのですね。

It is easy for him to swim 100 meters.

指している

後に出てくる何かを指しているんだ

it 本来の用法だニャ

22 関係代名詞の that と接続詞の that はどう見分ければいいのですか？

　次の２つの文にはそれぞれ that が含まれていますが、一方は関係代名詞、もう一方は接続詞です。どちらがどちらであるかを当ててみてください。
　① The news that the man had brought worried her.
　② The news that the man had disappeared worried her.
　この２つの文の違いがよく分からないとすれば、あなたは関係代名詞を完全には理解していないことになります。さて、関係代名詞とはいったい何でしょうか？

　基本に戻って考えてみましょう。ここに、
　I bought a book yesterday.　　This is the book.
という２つの文があります。関係代名詞を使ってこれを「これが私が昨日買った本だ」という意味の１つの文にまとめると、
　This is the book that I bought yesterday.
となりますね（この that は which でも構いません）。最初の２つの文と新しい文を比べてみてください。関係代名詞 that が入ったのと引き換えに、I bought a book yesterday. の a book が消えていますね。どこへ行ったのでしょう？　そう、関係代名詞が肩代わりしているのです。ですから、関係代名詞で始まる節は、関係代名詞が肩代わりした名詞（あるいは代名詞）が抜けて、一見不完全な文になっているのです。

●名詞（あるいは代名詞）を肩代わりする関係代名詞

これには次の3つの種類があります。

i．関係代名詞が節の主語を肩代わりしているもの

　The woman who is crossing the street is my teacher.

　（通りを横切っている女性は私の先生だ。）

ii．関係代名詞が節の目的語を肩代わりしているもの

　Do you want to see the dog that I brought back yesterday?

　（私が昨日連れ帰った犬を見たいですか？）

　　＊この that（which でも同じ）はしばしば省略されます。

iii．関係代名詞が前置詞の目的語を肩代わりしているもの

　I found the book that I had been looking for.

　（私は探していた本を見つけた。）

　　＊この that（which でも同じ）もしばしば省略されます。

　さて、以上のことを確認したところで、最初の2つの文をもう一度見てみましょう。

　①では、that で始まる節 that the man had brought の目的語がありませんね。その男が何をもたらしたのかが抜けているのです。したがってこの that は関係代名詞で、文の意味は「その男がもたらした知らせが彼女を心配させた」です。

　一方②では、that で始まる節 that the man had disappeared は「その男が消えた」という意味で、完全な S+V の構文になっています。つまりこの that は接続詞で、文の意味は「その男が行方不明になったというニュースが彼女を心配させた」です。

●省略される関係代名詞

上にも書いたように、目的語の肩代わりをする関係代名詞（「目的格の関係代名詞」と呼ばれます）はしばしば省略され、

Do you remember the woman you spoke to at the party?

（あなたがそのパーティーで話しかけた女性を覚えていますか？）

のようになりますが、文中に目的語の抜けたあと（この文では spoke to の後）があり、それがこの省略を知らせる役目を果たしています。

まとめ

関係代名詞で始まる節は、関係代名詞が肩代わりした名詞（あるいは代名詞）が抜けるため、一見不完全な文になる。

23 関係代名詞の what をマスターする近道はありませんか？

　関係代名詞の what を含む文というのは、例えば、
　What is needed is the will to win.
のようなものです。what に慣れていない人は、この文の構成にちょっととまどうかもしれません。is が1つ余分なのではないか、などと考えてしまうのですね。

●関係代名詞 what=the thing that
　関係代名詞 what が普通の関係代名詞よりも分かりづらいのは、what が先行詞（関係代名詞で始まる節が修飾する名詞）を含んでいて、何が何を修飾しているのかがはっきりしないからです。

①先行詞が「もの」「こと」
　でも what が含む先行詞は「もの」「こと」の意味であることがほとんどですから、what は the thing that で置き換えることができ、そうすれば what を含む文も普通の関係代名詞を含む文と同じように扱えるようになります。最初の例文も、
　The thing (that is needed) is the will to win.
と言い換えることができるのです（分かりやすくするために関係代名詞 that で始まる節を（　）でくくりました）。最初の is の主語は that、後の is の主語は先行詞の the thing であることがはっきりしましたね。この文の意味は「必要なのは勝とうという意志だ」です。

②先行詞が「人」
　what が含む先行詞は、ものであるとは限りません。場合によっては人になることもありますが、これも構わずに the thing that で置き換え

てみます。例えば、

He is not what he used to be.

という文も、とりあえず、

He is not the thing that he used to be.

と置き換えるのです。そうすれば、文の構成が見えてくるはずです。この文の意味は「彼は彼が以前にそうだったものではない（彼はもう以前の彼ではない）」です。

●疑問詞の what と関係代名詞の what の区別

さて、疑問詞（疑問代名詞）の what と関係代名詞の what が区別しづらい場合があります。そのときもやはり what を the thing that に置き換えてみてください。文章が成り立てばそれは関係代名詞、成り立たなければ疑問詞です。

①疑問詞の what

例えば I asked him what he had bought. は、I asked him the thing that he had bought. と置き換えると、文として成り立たなくなりますので、この what は疑問詞です。文の意味は「私は彼に何を買ったのかと尋ねた」です。

②関係代名詞の what

一方 He lost what he had bought. は、He lost the thing that he bought. と置き換えると「彼は買ったものをなくした」という意味になり、文として成り立ちますので、この what は関係代名詞です(逆に疑問詞だとすれば成り立ちません)。

また、I knew what he had bought. の場合は、I knew the thing that he had bought. が文として成り立ちますが、疑問詞だと考えても成り立ちます。関係代名詞だとすれば、文の意味は「私は彼が買ったものを知っていた」に、疑問詞だとすれば、「私は彼が何を買ったかを知っていた」になります。どちらの可能性もありますが、このケースは疑問詞ととらえるのが自然です。

まとめ

関係代名詞 what を含む文の意味がとらえにくいときは、what を the thing that で置き換え、普通の関係代名詞を含む文に変えてみればいい。疑問詞 what と区別しにくいときも、what を the thing that に置き換えてみる。

24 He seemed to be ill. と He seems to have been ill. は同じ意味ですか？

「～のように見える、思われる」の seem to～には、時制についてのやや込み入った規則がありますので、注意が必要です。

●seem to+be 動詞
① seem（現在形）to＋be 動詞

まず「彼は病気のようだ」は、
　He seems to be ill.
と言います。これは to be を省略して He seems ill. と言うこともできます。

次いで「彼は病気だったようだ」は、
　He seems to have been ill.
のように to 以下を完了形にします。seem to の後の完了形は「推測している出来事が推測している時点よりも前に起こっている」ことを示すものです。p.36で説明した現在完了とは別物と考えてください。この文は It seems that he was ill. と書き換えることができ、厳密には「彼は過去において病気だったと現在は思われる」の意味になります。彼が現在も病気であるかどうかには言及していません。

話が少し複雑になりますが、He seems to have been ill. は It seems that he has been ill. という現在完了の意味に用いられることもあり、その場合は「彼はずっと病気だったようだ（過去の一時点で病気になり、現在も病気であるように思われる）」の意味になります。

② seemed（過去形）to＋be 動詞

さて、ここまでは seem は現在形で、現在の時点での推測を表しています。一方、これが過去形の seemed になった場合は、「過去における推測」を表しますので、

　He seemed to be ill.

は「彼は病気であるように思われた」という意味になります。過去に「彼」に会ったとき「ああ、彼は病気なんだな」と思った、と回想する場合に用います。「推測している時」と「彼が病気である時」は同じです。先の He seems to have been ill. との違いを確認してください。さらに、

　He seemed to have been ill.（彼は病気だったように思われた。）

という文も考えられますが、これは会話にはほとんど出てきません。過去形で書き進められている小説などの中で、さらに過去のことを推測する場合に用いられます。

●seem to＋動作を表す動詞

さて、以上は seem to の後に状態を表す動詞が入る形ですが、動作を表す動詞が入る場合は少し事情が変わります。例えば「彼女は名古屋に引っ越したようだ」は、

She seems to have moved to Nagoya.

と言います。推測しているのは現在、引っ越したのは過去のことですね。一方、She seems to move to Nagoya. あるいは She seemed to move to Nagoya. は英文として成り立ちません。推測している時と引っ越しの時が同じということになるからです。「彼女は引っ越し中のように思われる」は She seems to be moving. のように進行形にする必要があります。

まとめ

- 「彼は病気だったようだ」のように「推測している出来事が推測している時点よりも前に起こっている」ことを表す場合は、He seems to have been ill. のように to 以下を完了形にする。
- 「彼は病気であるように思われた」のように「過去における推測」を表す場合は、He seemed to be ill. のように過去形 seemed を使う。
- seem to の後に動作を表す動詞を入れる場合は、She seems to have moved to Nagoya.（彼女は名古屋に引っ越したようだ）のように to 以下を完了形あるいは進行形にする。

25 no more〜than…などの比較の表現は、どうすればしっかり覚えられるでしょうか？

　no more ～ than …は大学入試の問題にしばしば登場する構文で、ある落とし穴が隠されていることで知られています。次の文を見てください。

　He is no more rich than you are.

　この文を「彼はあなたほど金持ちではない」と訳すと、あなたは出題者の仕掛けたワナにすっぽりはまることになります。「彼はあなたほど金持ちではない」は He is not as rich as you (are). などと言います。

●くじらの公式

　この文を正しく理解するためには、入試の世界で「くじらの公式」と呼ばれているものを覚えておく必要があります。それは、

　A whale is no more a fish than a horse is.
という文で、「くじらが魚でないのは馬が魚でないのと同じだ」という意味になります (than a horse is の後に a fish が省略されています)。この文がなぜ公式として使われているかというと、「馬が魚でない」ことが明白だからです。注意すべき点は、no more～than…の構文では、「than 以下は否定的である」ことが前提になっていることです。

　このことを最初の文にあてはめて考えると、than 以下の you are (rich) が否定的であることが ── つまり「あなたが金持ちでない」ことが ── 前提になっているのが分かります。He is no more rich than you are. の意味は「彼はあなたと同じように金持ちではない (あなたと同様貧乏だ)」です。

　この no more～than…は、not～any more than…と言い換えることができます。He is not rich any more than you are. のようにです。

2 ●文法に関するもの

『くじらの公式』

A whale is no more a fish than a horse is.

省略 a fish

● no less〜than…

この no more〜than…の裏返しが、no less〜than…の構文です。次の文を見てください。

You are no less attractive than she is.
（あなたは彼女に劣らず魅力的だ。）

この文においても、than she is の後に attractive が省略されています。でも幸い、no less〜than…の構文は、「より少なく」という less の副詞の意味を把握していれば対処できます。no more〜than…の構文とは逆に、「than 以下は肯定的」であることが前提になっているからです（なおこちらには not〜any less than…という表現はありません）。

● no more than, no less than

さて、この no more〜than…および no less〜than…によく似た熟語に no more than および no less than があります。こちらには途中に〜が入らないことに注意してください。

no more than は no more than ten people（わずか10人の人々）のように「たった、わずか」の意味に使われます。同様に no less than は no less than ten people（10人もの人々）のように「〜ほども多くの、〜もの」のように使われます。これらは熟語として機械的に覚えましょう。

まとめ

● no more〜than…は、単純な比較の構文ではないので、A whale is no more a fish than a horse is. という「くじらの公式」にあてはめて考える必要がある。than 以下が否定的であることが前提になっている。

● no less〜than…の構文は、than 以下が肯定的であることが前提になっているので、「より少なく」という less の意味を知っていれば対処できる。

26 I think it will not rain. と I don't think it will rain. は同じことなのですか？

「明日は雨が降らないと思います」の英訳は、

I think it will not rain tomorrow.

でしょうか？ それとも、

I don't think it will rain tomorrow.

でしょうか？ どちらでも構わないように思われますが、実際には常にI don't think it will rain tomorrow. が用いられます。英語は言葉の効率を重んじる言語で、肯定的に言おうとしているのか、否定的に言おうとしているのかをできるだけ早い段階で示すのが普通だからです。日本語をより忠実に訳したI think it will not rain tomorrow. は非常に不自然な英語なのですね。

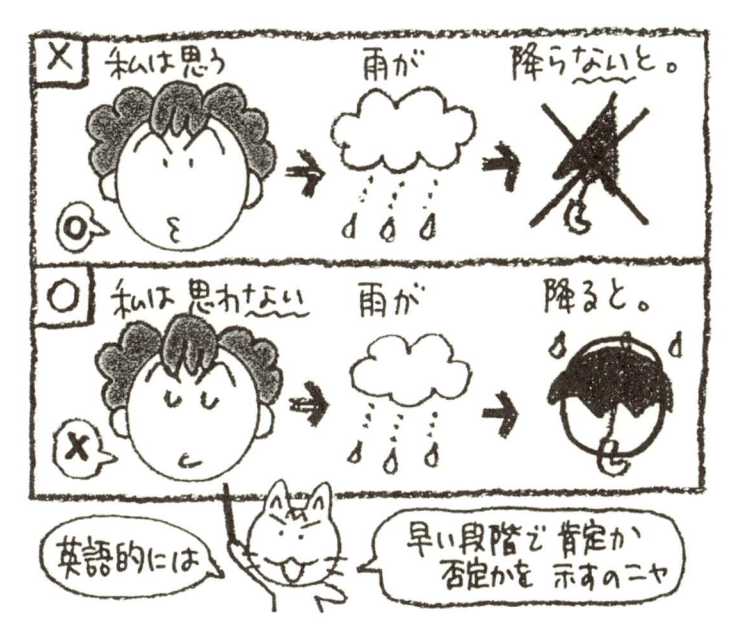

このことは、thinkだけでなく、believe, feel, expect, supposeなど多くの動詞にあてはまります。I don't believe she will die.（私は彼女が死なないだろうと思います）のように言うわけです。

　でも例外もあります。例えば「あなたが遅くならないよう希望しています」は I hope you won't be late. と言い、I don't hope you will be late. とは言いません。これは wish にもあてはまります。「希望する」という言葉を否定するのを避けたい、という心理が働いているのかもしれませんね。

　また、「彼女は来ないのではないかと私は思う」は I fear she won't come. と言い、I don't fear she will come. とは言いません。I fear (that) 〜は「残念ながら私は〜だと思う」という意味に使われますが、それは肯定文に限られ、否定文の I don't fear. は「私は恐れない」の意味になるからです。I'm afraid (that) 〜についても全く同じことが言えます。

3 ● 単語に関するもの

27 evening と night に時間帯の違いはあるのですか？

「朝・昼・夜」を表す言葉を整理してみましょう。

● morning, afternoon, noon, midnight

まず、morning は「夜明けから正午まで」の時間帯を示します。日本語の「朝」とは少し違いますね。ですから、11時59分でもあいさつは Good morning. です。また、時刻を表す場合は、at one o'clock in the morning（午前1時に）のように、夜明け前でも morning を使います。

afternoon は「正午から日没まで」の時間帯を示します。noon は「正午」という時刻ですが、少し幅を持たせて「正午頃」の意味にも使われます。

noon の反対が midnight（夜の12時[頃]）です。「夜中」全般を表す言葉ではないことに注意してください。

● evening, night

さて、evening と night ですが、辞書では evening は「日没から就寝まで」、night は「日没から日の出まで」と定義されています。でも、evening と night の使い分けは、実際には話し手の主観に左右されます。例えば午後10時はまだ「宵の口」だと感じる人はそれを evening と、もう寝る時間だと感じる人は night ととらえるのですね。その意味で evening と night の違いはあいまいと言えます。

あいさつの Good night. は「お休みなさい」ですが、仕事が終わった後、同僚同士がよく Good night. と声をかけ合うそうです。「じゃあまた」という感じでしょうか。外がまだ明るくても使われます。

28 under（下に）+stand（立つ）がどうしてunderstand（理解する）になるのですか？

古い英語（9世紀以前）では、underは「～の下に」の他に「～の間に、～の中に」の意味にも使われていました。understandのunderは実はこちらの意味で、understandは文字通りには「～の間に立つ」の意味になります。2つのものの間に立てば、そのどちらをもよく観察できますね。そこからunderstandの「理解する」という意味が生まれたものと思われます。

underを含む合成語で、underが「～の間に」の意味であるのはunderstandだけです。けれども実は、前置詞underは現代英語でも「～の間に、～の中に」の意味でかなりよく使われているのです。

例を挙げましょう。まずunder construction（建設中）のunderは明白に「～の中」の意味に使われています。under present conditions（現状では）のunderも「下では」ではなく「中では」ですね。under the influence of～は「～の影響下に」と訳されますが、よく考えてみればその意味はやはり「～の影響の中で」です。under the name of～（～という名前で）のunderも広い意味で「～の中に」に入るでしょう（少なくとも「下に」ではありません）。これらの意味のunderに出会ったら、「そうだ、understandのunderだ」と思い出してみてください。

なおunder waterは普通「水の底に」ではなく「水中に」の意味に使われますが、これはunder the surface of water（水面の下に）ということですので、このケースにはあてはまりません。

29 「たぶん」に相当するのは perhaps ですか？ probably ですか？

　「たぶん」はかなりあいまいな語ですが、それが表す可能性が50％を超えていることは間違いないでしょう。60〜80％といったところでしょうか。「たぶん」と訳せる可能性のある英単語には、probably, likely, maybe, perhaps, possibly などがあります。これらの語をどう使い分ければいいかを見てみましょう。

●**probably** は80〜90％の可能性を表します。ですから「十中八九」が正確な訳になりますが、「たぶん」や「おそらく」と訳しても大きな違いはないと言えます。

●**likely** は50〜70％の可能性を表しますから、「たぶん」にいちばん近い語です。likely は基本的には形容詞ですので、He is likely to come. （彼はたぶん来るだろう）のような形で用いられるのが普通ですが、Most likely she is married now. （たぶん彼女は今は結婚している）のように副詞として使われることもあります。

●**maybe** は50％前後、つまり「五分五分」の可能性を表しますので、「たぶん」よりも「もしかしたら」にふさわしい語です。

●**perhaps** が表す可能性は maybe よりもさらに低い40〜50％ですので、普通は「たぶん」とは訳せません。maybe 同様「もしかしたら」が近いでしょう。

●**possibly** は10〜30％の可能性を表しますから、「ことによると」「ひょっとしたら」といった言葉が近いでしょう。

30 「私の友人」はどうして my friend ではなく a friend of mine としなくてはならないのですか？

　「彼女は私の友人だ」は、She is my friend. ではなく She is a friend of mine. としなくてはならない、と教えられたことがあると思います。She is my friend. では友人が1人しかいないことになるから、と一般に説明されますが、これは説明としては不十分です。

　例えば「彼は私のクラスメートだ」を He is my classmate. と、「彼女は私の同僚だ」を She is my colleague. と言ったとすれば、クラスメートあるいは同僚は1人しかいないことになるでしょうか？　そんなことはありません。むしろ a classmate of mine, a colleague of mine などとは普通言わないのです。どうやら a friend of mine は friend 特有の言い方のようですね。

　friend には、実は「友人」の他に「味方」という意味があって、my friend にはそれが強く押し出されます。ですから、もしあなたが誰かと会話していて He is my friend. と言ったとすれば、「彼は私の味方です —— あなたとは違って」という感じに響いてしまう恐れがあるのです。

　要するに my friend は「私の味方、私の真の友、私の唯一の友」という特別なニュアンスを帯びた言葉なのですね。a をつければそのようなニュアンスは消え、「多くの友人の1人」の意味になりますが、a my friend とは言えないので、a friend of mine とするわけです。

31. this weekend, next weekend はそれぞれいつのことですか？

　アメリカに住むある日本人が、アメリカ人の運転する車に同乗して、Boulder という町に向かっていました。やがてハイウェイに BOULDER NEXT RIGHT（ボウルダーは次の右出口）という表示が出ましたが、運転していたアメリカ人はその出口を通り過ぎ、さらに次の出口まで行ってしまいました。引き返すはめになった彼は、断固としてこう言ったそうです。「自分は表示に従っただけだ」と。どうやらこの表示に問題があったようですね。

●next：少し離れた次の

　next は「次の」という意味ですが、より詳しくは「少し離れた次の」を意味します。ですから、Boulder のかなり手前であればこの表示でよかったのですが、直前ならば BOULDER THIS RIGHT とする必要があったのです。

　同様に、next weekend はかなりあいまいな表現です。これは「少し離れた次の週末」ですから、金曜日に next weekend と言えばそれは1つ先の週末を指します。一方、月曜日に next weekend と言えばそれは「今週の週末」です。でも週の中頃、例えば水曜日に next weekend と言えば、それは「今週の週末」「来週の週末」のどちらを指している可能性もあるのです（後者である可能性の方が高いそうです）。ですから、「今週の週末」であれば coming weekend などと、「来週の週末」であれば weekend next week などと言わなければ正確ではないことになります。

●this：すぐ近くの

　一方、this は「すぐ近くの」の意味で、this weekend は週の初めであれば「過ぎたばかりの週末」を、週の終わりであれば「これから始まる週末」を指します。週の中頃には this weekend という言い方はしません。

32 red, blue, green などの「色」はどんな比喩に使われるのですか？

　red, blue, green, yellow, black などの色を用いた比喩的な表現はさまざまあります。辞書にはそれらが列挙されていますが、まれにしか用いられないものもありますので、いちいち覚える必要はありません。それよりも、それぞれの色の中心的なイメージを頭に入れておくことが重要です。そのイメージは日本語と共通しているものもあれば、全く違うものもあります。それらを個別に見ていきましょう。見出しに示したのがその中心的なイメージです。

●red：怒りや恥で紅潮した

　red は血の色、炎の色ですから、日本語の「赤」と同じように「情熱、怒り、危険」などの比喩に用いられます。see red（激怒する）という熟語に見られるように、「怒っている」の意味で使われることが最も多く、それ以外にも「恥じている」「運動して紅潮している」など、いろいろな理由で顔が赤くなっている状態を表します。

　red のその他の比喩としては、「赤字の」や「共産主義の」が挙げられます。これらも日本語と共通していますね。また red tape は「お役所的な、形式主義的な」の意味によく使われます。その昔、イギリスでは公文書が赤いテープでしばられたことにちなみます。

●blue：陰気な、元気のない

　blue はしばしば比喩的に「（顔が）青ざめた」、あるいは「陰気な、元気のない」の意味に用いられます。日本語の「青」のイメージよりもネガティブに偏っていますね。音楽に、blues（ブルース、英語の発音は［ブルーズ］）というジャンルがありますが、これも、もともとは「憂鬱な気分の音楽」という意味です。

blue は blue film（ブルーフィルム、ポルノ映画）のように「わいせつな」の意味に使われることもあります。blue のイメージはどうもよくありませんね。

blue を含む熟語としては out of the blue（だしぬけに）が挙げられます。日本語の「青天の霹靂(へきれき)」と同じイメージの表現です。

●green：若々しい、未熟な

green は「若々しい、元気な、新鮮な」という意味にも、「未熟な、不慣れの」という意味にも用いられます。「若さ」の両面を表しているのですね。この「green＝若さ」のイメージは「新緑」からきたものですが、日本語ではしばしば「青」が「緑」を含み、「青々と繁る」、「青二才」などという形で使われるのに対し、英語ではその種の比喩は常に green が受け持ちます。ちなみに「青信号」も green light です。

green は「嫉妬」の色でもあり、He is green with envy.（彼は顔色が変わるほどねたんでいる）のように使われます。また、green thumb は「園芸の才」という意味で、She has a green thumb.（彼女は植物の栽培がうまい）のように使われます。

●yellow：臆病な

yellow は「臆病」の色で、He is yellow. と言えばほぼ100パーセント「彼は臆病だ」の意味になります。

yellow は yellow journalism（煽情的なジャーナリズム）のように「(新聞などが) 煽情的な、俗受けをねらった」の意味に使われることもあります。その昔、アメリカのある新聞が、黄色の服を着た子供を主人公とするマンガを掲載し、読者の注意を引こうとしたことにちなみます。

●pink：健康な

pink は赤ん坊の肌の色とされ、「健康な、若々しい」の比喩に用いられます。日本語の「ピンク」の持つ「性的な、ポルノの」の意味はありません。その意味は blue が負っているのですね。

●black：険悪な、悪意のある

black はしばしば「険悪な、腹黒い、見通しの暗い、不吉な」といったネガティブなイメージの言葉として用いられます。これは日本語の「黒」と共通していますね。black market（闇市）、blacklist（ブラックリスト）なども決してよい意味ではありません。けれども黒人にとってこれはとても不愉快なことです。彼らが Black is beautiful.（黒は美しい）というスローガンを作り、「black＝悪い」というイメージをぬぐい去ろうと努めていることを頭に入れておきましょう。

●white：潔白な

white は日本語の「白」と同じように「潔白な」の意味に使われ、それ以外にも「公正な、善意の」といったよい意味の語として用いられます。white lie は「悪意のない嘘」という意味です。

white はまた「(顔色の) 青白い、血の気の失せた」の意味にも用いられますが、これも日本語と共通していますね。

33 英語のいちばん長い単語、短い単語は何ですか？

英語の最も短い単語、それはもちろん"a"と"I"です。

英語の最も長い単語——それは厳密には決めようがありません。ある科学者が自分の合成した物質に非常に長い名前をつけて発表したとすれば、それは単語として成立するからです。その気になれば、1000字を超える単語を作ることも可能なのですね（実際にそういう例があります）。

ですから、ここに紹介するのは公認された最長の単語——英語で最も権威のある辞書、Oxford English Dictionary（オックスフォード英語辞典）に載っている最長の単語——です。それは、

pneumonoultramicroscopicsilicovolcanoconiosis

で、45字あります。取りつく島もないような語ですが、これを pneumono（肺の）＋ ultra（超）＋ microscopic（顕微鏡的な）＋ silico（珪素の）＋ volcano（火山性の）＋ coni（塵の）＋ osis（病気）と分解すれば、意外に覚えやすい語であることが分かります。その意味は「肺塵症」（珪素あるいは石英の微細な塵を吸い込むことによって起こる肺の病気）です。

単語自体が病気の原因を説明しているのですね。発音をカタカナで表記すると「ニューモノ・アルトラマイクロスカピック・スィリコ・ヴァルケイノ・コウニオウスィス」となります。

column

この単語は何？　　その1．食品

Q. shortcake（ショートケーキ）は「短いケーキ」という意味ですか？

A. shortcake の short は「短い」ではなく「サクサクする」という意味です。つまり shortcake は「shortening（ショートニング：バターやラードなど）を入れてサクサクにした焼き菓子」のことなのですね。アメリカでは、これにイチゴなどの果物を載せてクリームをかけたデザートが shortcake と呼ばれます。

　日本の「ショートケーキ」はスポンジケーキを使いますから、実際には「ショート」ではありません。

Q. lager beer（ラガービール）の lager はどんな意味ですか？

A. 英単語 lager は lager beer の形でしか使われませんが、もとになっているドイツ語 Lager は「宿営地、倉庫」を意味します。つまり lager beer は文字通りには「倉庫のビール」という意味で、もともとは「保存用に醸造したビール」を指していましたが、今日では単に「軽いタイプのビール（つまり普通のビール）」のことを言います。

　lager 以外のビールとしては、イギリスのパブに置いてある bitter beer（ビタービール）が有名ですが、bitter beer は普通のビールとはおおよそかけ離れた味のものです。

　ちなみにロシア語の Лагерь（ラーゲリ：旧ソ連の強制収容所）は lager と同語源です。

4 ● 会話に関するもの

34 「行ってきます」「行ってらっしゃい」「ただいま」「お帰りなさい」は英語でどう言うのですか?

● 「行ってきます」「行ってらっしゃい」

英語には、「行ってきます」「行ってらっしゃい」に相当する決まった言い方はありません。でも黙って家を出るのは不自然ですから、出かける人は、家族に

　I'm going now.
　Good-bye, Mother.

などと声をかけます。すると相手は

　Good-bye, dear. Have a nice day.

などと答えるでしょう。子供が学校へ行くところであれば、親は Study hard! とか Come home early. と言うかもしれません。遊びに出るのであれば、Have a nice day. の代わりに Have a good time. と言うのが習わしです。

■ Good-bye.≠さようなら

学校へ出かけるとき、Good-bye. と言うのは違和感があるかもしれませんが、Good-bye.は「さようなら」とイコールではありません。「さようなら」は少しよそよそしい言葉で、親しい人にはあまり言いませんね。家族に対しては決して使いません。

一方、Good-bye.は家族同士でも日常的に使われる言葉です。日本に来た外国人に「さようなら」という言葉を教えるときは、その点を説明する必要があるかもしれませんね。

アメリカでは、夫が出勤するとき妻に、よく I love you. と言うそうです。でも、これは必ずしもこの2人があつあつだということを意味してはいません。I love you. は日本語の「愛してる」よりもはるかに幅広く使われる表現で、しばしば親しい同士のあいさつの言葉として用いられるのです。

アメリカ人男性が軽い気持ちで言った I love you. を日本人女性が本気にしてしまう、ということがよく起こるそうです。I love you. は求愛の言葉とは限らない、ということを知っておきましょう。

● 「ただいま」「お帰りなさい」

さて、「ただいま」と「お帰りなさい」に相当する決まり文句もありませんが、家に戻ってきた人は

  Hello, I'm home.

  Hi, mom.

などと声をかけます。それに対して、相手はせいぜい

  Oh, hello.

と答えるぐらいでしょう。Did you have a good day? と付け加えるかもしれません。また、ご主人は帰宅したときも奥さんに I love you. と言うかもしれませんね。

まとめ

「行ってきます」	I'm going now.　Good-bye.
「行ってらっしゃい」	Good-bye. Have a nice day.
	Have a good time. （遊びに出るとき）
「ただいま」	I'm home.　Hello.　Hi.
「お帰りなさい」	Hello.　Hi.　Did you have a good day?

35 「いただきます」「ごちそうさま」は英語でどう言うのですか？

「いただきます」および「ごちそうさま」に相当する言葉は英語にはありません。

今日の英語圏の家庭では、食事は黙って食べ始めるのが普通だそうです。父親が食べ始めたらみんな食べ始める、父親が席を立ったらそれが食事の終わり、という感じなのですね。

●使うべきではない言葉

ですから、もしあなたがアメリカ人の家庭に招かれて食事をしたとして、「いただきます」のつもりで、

I'm going to eat.

などと言ったとすれば、「それって何？」という顔をされるに違いありません。

●キリスト教の世界の grace

どうして英語では「いただきます」と言わないのでしょう？ キリスト教の世界では、本来食前と食後にそれぞれ祈りの言葉を唱えることになっているからです。これは英語では grace と呼ばれていて、いちばん簡単には、

Dear God, thank you for providing us with this meal. Amen.

（神様、この食事をお与えくださったことを感謝します。アーメン）
と唱えます。これは一家の主人の役目です。ひと昔前の時代に設定された映画でときどき見かけるシーンですね。

祈りの言葉を唱えた後、改めて「いただきます」と言う必要はありませんね。でも今日では、特別に宗教的な家庭でない限り、grace は唱えなくなりました。一方、それに代わる言葉は見つかっていないのです。

> ■ grace
> grace は本来「恩恵、恵み」という意味ですが、「恵みに感謝する言葉」から「食前・食後の祈り」も指すようになりました。

●ふさわしい言葉

さて、食事に招かれたときの話に戻りますが、上に説明したような事情から、黙って食べ始めても失礼ということはありません。でも、食べ始める前に、

It looks delicious. （おいしそうですね。）

と、食べ終わったときに、

Everything was just delicious. （どれもとてもおいしかったです。）

I really enjoyed the meal. （たいへんおいしい食事でした。）

などと言えば相手は喜ぶでしょう。でも、これは「いただきます」「ごちそうさま」とは意味の違う言葉です。

また、招いた側はよく、

Please help yourself.

と言いますが、これは「ご自由に取って食べてください」という意味で、「召し上がれ」というあいさつの言葉ではありません。また、

Enjoy it!

はレストランのウエイターやウエイトレスの決まり文句で、家庭ではあまり言わないそうです。

まとめ

「いただきます」「ごちそうさま」に相当する英語の表現はない。

36 How are you? には I'm fine, thank you. 以外にどんな答え方がありますか？

「こんにちは、お元気ですか」に相当するあいさつの言葉としては、How are you? がよく知られています。そしてそれに対しては I'm fine, thank you. と答える、と私たちは教えられていますが、英語圏の人々はいつもこのあいさつを交わしているのでしょうか？

● how で始まるあいさつとその答え方

①あいさつ

実は今日、How are you? に対して I'm fine. と答える人はほとんどいないと言われています。あまりにも型にはまった返答ということで、避けられるようになったのですね。How are you? 自体も今はそれほど使われず、主役の座を How's it going? や How are you doing? に譲っています。How's it going? は「どんな調子ですか？」というほどの意味です。it は漠然とした状況を示すもので、日本語には訳せません。

②答え方

how で始まるあいさつに対しては、Pretty good. Great! Very well. All right. Not bad. それに No bad. などと答えるのが普通です。Not bad. と No bad. は似ていますが、No bad. の方が積極的で、「最高！」というほどの意味になります。Same as usual. や Like always.（どちら

も「相変わらず」）といったあいまいな答え方もあります。
　調子がよくないときは、Not great. などと言うこともできます。かぜをひいているのであれば、Well, I have a cold. と答えてもいいのですが、あ̇い̇さ̇つ̇と割り切って All right. と言ってしまう人が多いようです。

● **what で始まるあいさつとその答え方**
①あいさつ
　how ではなく what で始まるあいさつの言葉もあります。What's new?（何か変わったことは？）や What's up? がその代表です。What's up? は本来は「どうしたんだ？　何があったの？」と問いかける言葉ですが、「最近何してる？」というあいさつにも使われます。

②答え方
　what で始まるあいさつに対する答え方は、how の場合とは異なります。how で始まるものが「どういう状態か？」を尋ねているのに対して、what で始まるものは「何が起こっているか、何をしているか？」を尋ねるものだからです。したがって、what に対しては、具体的に答えるか、それが面倒なら I'm very busy. や Not much.（たいしたことは起こっていません）などと答えることになります。この Not much. は what 系のあいさつに対する決まり文句になっています。

―――― まとめ ――――
●how で始まるあいさつ …How's it going?　How are you doing?
　　　　　　　　　　　　　How are you?
　それへの返答 ……………Pretty good.　Great !　Very well.
　　　　　　　　　　　　　All right.　Not bad.　No bad.
　　　　　　　　　　　　　Same as usual.　Like always.
●what で始まるあいさつ…What's new?　　What's up?
　それへの返答 ……………Not much.　I'm very busy.

37 Excuse me. と I'm sorry. はどこが違うのですか？

　Excuse me. と I'm sorry. はどちらも「すみません」と訳すことができますが、この2つははっきり区別して使われます。どちらを使ってもいい、という状況はほとんどないと言っていいでしょう。簡単に言えば I'm sorry. は「ごめんなさい」という謝罪の言葉、一方の Excuse me. は日本語の「失礼します」「ちょっと失礼」に相当する礼儀の言葉で、謝罪は含みません。

● Excuse me.

　電車の中で誰かの体に誤って触れた場合などは、Excuse me. と言いますが、それも謝罪の言葉ではありません。どちらのせいか分からなくても、とっさに Excuse me. と声をかけるのですね。女の人の場合など、とがめるような眼差しで Excuse me. と言うことさえあります。
　また、込み合った待合室の通路に足を伸ばしている人に Excuse me. と声をかけるときは、実質的に軽い非難の気持ちが込められています。「その足、じゃまなんですけど」と言う代わりです。

● I'm sorry.

　I'm sorry. は最も一般的な謝罪の言葉ですが、apologize（謝る）を使って I apologize. と言えば、さらに明確に謝罪の気持ちを伝えることができます。
　相手から I'm sorry. と言われたときには、どう返答すればいいでしょう？　相手が謝罪しているのですから、許しの言葉を返すのが基本です。これには、簡単な場面では It's OK. あるいは No problem. と、ちょっと改まった場面では Don't worry about it.（心配いりません）あるいは、It doesn't matter.（何でもありません）と言えばいいでしょう。

●I beg your pardon.

I beg your pardon. はどうでしょうか？ これは I'm sorry. の代わりに謝罪の気持ちを表すことも、Excuse me. の代わりに礼儀を示すこともできる表現ですが、少し堅苦しい言い方で、今日では敬遠される傾向にあります。

また、I beg your pardon? としり上がりに言えば、相手の言ったことを聞き返すことになります。けれども上述のように、これは堅苦しい表現で、長くて言いづらいという問題もあります。

相手の言葉を聞き返すより簡単な言い方としては、Come again? が挙げられます。これをしり上がりに言えば「すみません、もう一度」という感じになるのですね（come again は「戻る」という意味です）。

■ Pardon me.

I beg your pardon. は Pardon me. あるいは単に Pardon. と縮められることがありますが、Pardon me. や Pardon. は昔から教養のない人の使う英語とされてきました。そんなもの気にしない、と言えばそれまでですが、外国人である日本人は避けた方がいいでしょう。

まとめ

「失礼します。ちょっと失礼」　　Excuse me.
「ごめんなさい」　　I'm sorry.　I apologize.
「ごめんなさい」への返答　　It's OK.　No problem.
　　Don't worry about it.　It doesn't matter.
「すみません、もう一度言ってください」
　　Come again?　I beg your pardon?

38 あいづちはどのように打てばいいのですか？

英語にはさまざまなあいづちの表現がありますが、その中で最も標準的なのは I see. と Is that so? でしょう。I see. は本来は「分かりました」という意味ですが、「なるほど」という感じでよく使われます。Is that so? は文字通り「そうですか？」という意味です。

でもこの2つだけであいづちを済ませてしまうのは、ちょっと味気ないですね。賛成するなら賛成だと言う、相手が驚きを期待しているなら驚いてみせる、同情を期待しているなら同情するというように、相手に添うあいづちを打ってみたいものです。

●同意を示すあいづち

賛成の意思表示をするあいづちは非常にたくさんあります。標準的なものとしては I agree.（賛成です）、I think so, too.（私もそう思います）、I hope so.（そうなればいいですね）、That's right.（そのとおりです）がありますし、ひと言で Right!（そうだ）、Exactly!（そのとおり）、Absolutely!（そうですとも）などと言っても構いません。

●不賛成を示すあいづち

相手の意見に賛成しないときは、それをはっきり表すのも英語流です。それには I don't think so.（私はそうは思いません）や I'm afraid not.（そうではないようです）などの言い方がありますが、これらの言葉を出したらすぐにその理由を説明する必要があります。I don't think so. と言ったきり口をつぐんでしまったら、怒っていると取られても仕方ありません。

●賛成でも不賛成でもないあいづち

はっきり不賛成ではないけれど、賛成もできない、という状況もあると思います。そんなときは I don't know.（知りません）や I'm not sure about it.（それについてはよく分かりません）と言ってお茶を濁すこともできます。

●興味を示すあいづち

相手の話を興味を持って聞いていることを示すあいづちもあります。その代表は Sounds interesting.（面白そうですね）で、このひと言で相手は気持ちよく話を進めることができます。これは That sounds interesting. を縮めたもので、Sounds good.（よさそうね）や Sounds like it.（そうらしいですね）など、いろいろ応用の効く便利な表現です。

●驚きを示すあいづち

驚いてみせるあいづちにはどんなものがあるでしょうか？ まず覚えてほしいのがしり上がりに言う Really?（ほんと？）です。日本語の「冗談でしょう」に相当する No kidding! もよく使われます。少し改まった場面では Are you serious?（本気ですか？）と言えばいいでしょう。

もちろん Incredible! や Unbelievable!（いずれも「信じられない！」）などのストレートな言葉や、Oh my! や Dear me!（いずれも「あら、おやおや」）といった間投詞的な表現もあります。

> ■ 驚いている感じを出そう
>
> No kidding! にしろ、Are you serious? にしろ、声の調子によっては相手の言葉を疑っているように聞こえることもあります。
> 驚きを示すときは、驚いている感じを出しましょう。

●同情を示すあいづち

同情を表すあいづちには That's too bad. や What a shame! などがありますが、これは「相手を慰める言い方」（p.108）にまとめましたので、そちらを参照してください。

●手抜きのあいづち

さて、上に挙げたような表現を使いこなせなくても、例えば単に Oh! とか Wow!（ワウ）とか言うだけで驚きは表せますし、Uh-huh. と言えば同意したことになります。uh-huh の発音はカタカナ表記では「アハ」ですが、実際には鼻にかかって「アンハン」という感じになります。「うん」とか「そうだね」といった同意や肯定を表すのにとてもよく使われます。

■「アンハン」
　この「アンハン」を使い始めると、何かとても会話がうまくなったような気分になりますが、それでいいのでしょうか？　「アンハン」は手抜きのあいづちだということを忘れないようにしましょう。

●時間稼ぎの言葉

　これはあいづちとは言えませんが、単語や表現がすぐに思い浮かばなかったとき、時間を稼ぐために発する言葉がいくつかあります。

　Let me see. あるいは Let's see. は日本語の「ええと」に相当する言い方で、短いながらも 1 つの文章ですから、かなりの時間が稼げます。you know（ねぇ、ほら）は文頭や文中に挿入する言葉で、時間を稼ぐためだけでなく、表現を和らげたり、何かをほのめかしたりするのに用いられます。Well, you know…. とすれば、もう少し時間が稼げるでしょう。

まとめ

標準的なあいづち	I see.　Is that so?
同意を示すあいづち	I agree.　I think so, too.　I hope so.
	That's right.　Right!　Exactly!　Absolutely!
不賛成を示すあいづち	I don't think so.　I'm afraid not.
賛成でも不賛成でもないあいづち	
	I don't know.　I'm not sure about it.
興味を示すあいづち	Sounds interesting.
驚きを示すあいづち	Really?　No kidding!　Are you serious?
	Incredible!　Unbelievable!　Oh my!　Dear me!
同情を示すあいづち	That's too bad.　What a shame!
手抜きのあいづち	Oh!　Wow!　Uh-huh.
時間稼ぎの言葉	Let me see.（Let's see.）　you know

39 Thank you. 以外に感謝の言葉はないのですか？

● 「ありがとう」

「ありがとう」は、英語では Thank you. と言う、というのは誰でも知っていますが、これ以外に感謝を表す言葉はないのでしょうか？

①基本的に使われる表現

アメリカでは Thank you. よりも Thanks. の方がはるかによく使われます。そして今日、非常によく使われるようになったのが、
I appreciate it.
という言い方です。少なくともアメリカでは、使われる頻度は① Thanks. ② I appreciate it. ③ Thank you. の順になっているのではないでしょうか。I を省略して Appreciate it. と言うこともありますが、it は省略できません。

I appreciate it. は I appreciate it if you could～（あなたが～してくだされば、私はそれに感謝する）の if 以下を省略した形です。it は if 以下を受けたものですが、「あなたがしてくれたこと」の意味に解釈してもいいでしょう。

②その他の表現

「ありがとう」に相当する表現としては、これ以外にも I'm really grateful.（grateful は「感謝に満ちた」の意味）や (I'm) much obliged.（obliged は「恩義を受けている」の意味）などがあります。That's very kind of you.（どうもご親切に）と言ってもいいでしょう。Thank you very much. I really appreciate it. と重ねて言えば完璧な感謝の言葉になります。

●「どういたしまして」

「ありがとう」に対する「どういたしまして」は You're welcome. と言う、と私たちは教えられていますが、Thank you very much. — You're welcome. という問答は How are you? — I'm fine, thank you. (p.94) と同じように実際にはほとんど使われなくなっています。あまりに教科書的なのですね。

①改まった表現

「どういたしまして」に相当する表現としては、まず My pleasure. が挙げられます。少し改まった言い方です。これは It's my pleasure. を縮めたもので、文字通りには「(お手伝いすることは)私の喜びです」を意味します。

②軽い表現

より軽い言い方には、It's nothing. (何でもありません)、Sure. No problem. などがあります。Sure. は本来は「確かに」という意味ですが、「いいとも」や「いえいえ」という感じでよく使われます。No problem. は「何でもないことです」という意味で、何かを頼まれたときの「お安い御用です」という言葉としてもよく使われます。

さて、もしあなたがアメリカを旅行して、買い物のときなどに Thank you. とか Thanks. とか言ったとすれば、3回に2回までは Uh-huh.(アンハン)という答えが返ってくるでしょう。p.100で紹介したあいづちの Uh-huh. が「どういたしまして」の意味に使われるのですね。

感謝の表現のまとめ

「ありがとう」　　Thanks.　I appreciate it.　Thank you.
　　　　　　　　I'm really grateful.　Much obliged.
「どういたしまして」　　My pleasure.　It's nothing.　Sure.
　　　　　　　　No problem.　Uh-huh.

---

40 「がんばれ」は英語でどう言うのですか？

日本語の「がんばれ」は、スポーツ観戦のとき、弱気になっている人を力づけるとき、試験を受ける人を励ますときなど、さまざまな状況で使われる言葉です。それぞれのケースごとに適切な表現を探ってみましょう。

●スポーツの声援に使う「がんばれ」

スポーツ観戦の「がんばれ！」に相当する言い方にはどんなものがあるでしょうか？

まず「いけいけ、その調子だ！」と応援するときは、Come on! と叫びます。一方、応援している選手やチームがピンチに立たされたとき、「持ちこたえろ、乗り切れ」という意味で「がんばれ！」と声をかけるのには、Hang in there! というぴったりの言い方があります（この hang は「しがみつく」という意味です）。

Come on. は「いけいけ！」以外にさまざまな意味に使われる言葉です。相手が落ち込んでいるときに Come on! と言えば「元気を出せ！」ですし (p.108参照)、喧嘩のときは「かかってこい！」です。また、相手が何かおかしなことを言ったときには「おいおい、いいかげんにしろよ」という、相手がぐずぐずしているときには「さあ、始めようよ」というニュアンスになります。いずれの場合も on にアクセントを置いて [kəmán] と発音します。

●やる気を起こさせる「がんばれ」

ちょっと弱気になっている人を力づけるには、どう言えばいいでしょうか？

これにはまず Go for it! が挙げられます。文字通りには「それに向かっ

て進め！」という意味です。「やればできる」という感じの You can do it. もよく使われます。Give it a try.（やってみようよ）もこれにあてはまるでしょう。

●じっくり物事に取り組ませるときに言う「がんばれ」

学校の先生が生徒に「今の調子でがんばりなさい」と言うことがありますね。この「今の調子を維持しなさい」という意味の「がんばれ」には、Keep it up. という言い方があります。また「あきらめずにがんばれ」は Stick to it! です（この stick は「くっつく、粘る」という意味です）。

●テストを受ける人に言う「がんばれ」

私たちはよく、テストを受ける人などに、ほとんど意味なく「じゃあがんばってね」と声をかけますね。この軽い「がんばって」に相当するのは Good luck! でしょう。

まとめ

スポーツの声援には	Come on!
	Hang in there!
やる気を起こさせるには	Go for it! You can do it.
	Give it a try.
じっくりやらせるには	Keep it up.
	Stick to it!
テストを受ける人には	Good luck!

41 「やったね」とほめるには、どう言えばいいのですか？

●友人などに使う「やったね」

「やったね」── 友人が何かに成功したときにかける軽い言葉 ── に相当する英語の表現としては、まず You did it! と You made it! が挙げられます。ストレートな言い方で分かりやすいですね。Good for you. も「よくやった」あるいは「よかったね」という感じでよく使われます。

Well done! は仕事がよくできた場合などに相手をほめる言葉です。また、やはり「よくやった、いいぞ」というニュアンスに使われる Way to go! は、That's the way to go! を略したもので、文字通りには「それが進むべき道だ」を意味します。

●目上の人に使う「やりましたね」

　これらの言葉を目上の人に使う場合は注意が必要です。とりわけ Good for you. は、もともと親や先生が子供をほめるときの言葉ですから、年下の人に言われればムッとする人もいるかもしれません。会社の上司などに対しては、相手が男性であれば A great job, sir. と、女性であれば A great job, ma'am. と言えばいいでしょう。

●ほめられたときに使う表現

　ほめられたときの対応も要注意です。日本人はほめられると反射的に「いえいえ」と謙遜するくせがありますが、英語圏の人は Not really.（そうでもありません）などとは言いません。そう答えれば、相手は「せっかくほめたのに、嬉しくないの？」と思ってがっかりするでしょう。ほめられたときは、素直に Thank you. と答えるのがいいですね。

まとめ

「やったね」	You did it ! You made it ! Good for you. Well done ! Way to go !
「やりましたね」	A great job, sir (ma'am).

42 落ち込んでいる相手を慰めるには、どう言えばいいのですか？

　一口に「慰める」と言っても、それにはいくつかのシチュエーションがあります。

● **改まった慰めの言葉**

　例えば友人が肉親を亡くした場合などは、たとえ日頃親しく付き合っている相手であっても、それなりの改まった言い方が必要になりますね。そんなときは

　I'm very sorry to hear that.

（お気の毒です）と言うのが習わしになっています。sorry には「すまなく思う」の他に「気の毒に思う」という意味があるのですね。これに I know how you feel.（お気持ちは分かります）と付け加えれば十分な悔やみの言葉となります。

sorry＝気の毒に思う

● **軽い慰めの言葉**

　一方、相手のちょっとした失敗を慰めるようなときは、

　That's too bad.

と言えばいいでしょう。「お気の毒に」という意味の決まり文句ですね。もちろんストレートに Cheer up! Come on!（いずれも「元気を出して！」）などと言うこともできます。また、

　What a shame!（あるいは That's a shame.）

もよく知られた言い方です。この shame は「恥」ではなく「残念なこと」という意味で、「そりゃ残念だったね」とか「ひどい目にあったね」

といったニュアンスで使われます。

　What a shame! によく似た表現に Shame on you! がありますが、こちらは相手に怒りをぶつけるための言葉です。くれぐれも言い間違えないようにしてください（p.114参照）。

●その他の慰めの言葉

　失恋したとか、入試に失敗したとかで、完全に落ち込んでいる人には、例えば、

　It's not the end of the world. （世界の終わりじゃないよ。）

と言ってみるのもいいかもしれません。恋人にふられても、試験に落ちても、世界は終わりじゃないから、ちょっと視点を変えれば切り抜けられるかもしれない。それがこの言葉のメッセージです。

　また、車をぶつけて壊してしまった人などに対しては、

　It could have been worse.

　（もっとひどいことになっていたかもしれないよ。）

という慰め方もあります。アメリカ人の得意なプラス思考とも、「もっと余裕を持って人生を見てみよう」という姿勢とも受け取れます。

　さらに、英語には That's life. という言い方もあります。「人生ってそんなものだ」というメッセージで、やはり思わしくない出来事が起こったときに使います。でも、もしかしたら、その出来事は次に起こるよいことの土台になるかもしれない。それに対する期待も含めて That's life. なのですね。

まとめ

改まった慰めの言葉	I'm very sorry to hear that.
軽い慰めの言葉	That's too bad.　Cheer up!　Come on!
	What a shame!（That's a shame.）
その他の慰めの言葉	It's not the end of the world.
	It could have been worse.　That's life.

43 誘いを断るには、どう言えばいいのですか？

依頼や勧誘を断るのにも、いろいろなシチュエーションがあります。しっかり断らなくてはならないとき、やんわりと断りたいとき、「行きたいけれど都合が悪い」という気持ちを伝えたいときなどです。

●きっぱり断る

まず、何かを頼まれたり、誘われたりしたときに、しっかり断る言い方を紹介しましょう。

これにはまず単に No. と言うことができます。No. とだけ言って後は沈黙する、というのはとても強い断りの意思表示で、相手はショックを受けるかもしれません。でも、ショックだろうが何だろうが、誤解の余地がないようしっかり断らなければならない場面もあります。

No. 以外にはどんな言い方があるでしょうか？ 友人同士であれば、No way. と言うこともできます。「嫌だよ、そりゃ無理だよ」というニュアンスです。No. をさらに強めた Absolutely, no.（絶対にだめ）や、That's impossible.（不可能です）といった言い方もあります。

●きっぱりていねいに断る

ていねいに、しかもきっぱり断る言い方はないでしょうか？ それに相当する表現としては、

I'd rather not.（遠慮させてもらいます。）

が挙げられます。これは勧誘に対しても依頼に対しても使える、ていねいで、短く、しかも断固とした断りのせりふです。

> ■ rather
> ratherは本来は「どちらかと言えば」という意味ですが、'd rather（would rather）は表現を和らげる言い方で、最後のnotに断りの気持ちが込められます。

●やんわりと断る

相手を傷つけないよう、やんわりと断りたい場合もありますね。それにはどう言えばいいのでしょう？

誘いを断るのでしたら、I don't feel like it. や I'm not in the mood. がぴったりでしょう。どちらも「その気になれない」という意味です。頼み事を断るのでしたら、Sorry, I can't do it right now.（ごめん、今はできないの）と言えばいいでしょう。right now（今は）で「絶対に

だめと言ってるんじゃない」というニュアンスを加えるわけです。

● 今回だけ断る

やんわり断るのとは別に、行きたいけど今回だけは都合が悪い、という場合がありますね。

そんなときにぴったりの言い方があります。I can't go. などと答えた後に、

　　Can you give me a rain check?

と付け加えるのです。rain check は本来は野球場などが雨天中止の場合に発行する「振替券」のことで、この券で後日の試合に入場できます。Can you give me a rain check? はつまり、「今度また誘ってください」という意味の比喩的な表現なのですね。

まとめ

きっぱり断る	No.　No way.　Absolutely, no.　That's impossible.
きっぱりていねいに断る	I'd rather not.
やんわりと断る	I don't feel like it.　I'm not in the mood.　Sorry, I can't do it right now.
今回だけ断る	Can you give me a rain check?

44 こちらが怒っていることを示すには、どう言えばいいのですか？

　英語で喧嘩ができるようになれば一人前だ、とよく言われますが、それは当たっているように思います。

　かなり英語に熟達した人でも、ネイティブと話すときは、聞き手に回ることが多く、なかなか対等には渡り合えないものです。一方、喧嘩というのは、相手の非難を受け止め、やり返すことですから、完全に対等でなくてはなりません。もちろん、ここで言う喧嘩というのは、理屈も何もなくただ食ってかかることではありません。

　でも怒っているから喧嘩になるのですね。こちらが怒っていることを示すには、どう言えばいいのでしょう？

●不当に扱われたときに使う言葉

　よく用いられる怒りの表現に I just can't take it! があります。この take は「甘んじて受ける」の意味で、全体では「もうがまんができない！」という意味になります。相手に侮辱されたとき、不当に扱われたときに投げつける言葉です。それから I've had enough! は「もううんざりだ！」という意味で、人に対しても、状況についても用いることができます。I've had it! とも言います。

> ■ I've had enough.
> I've had enough. は食事の際に「十分いただきました」という意味に使われることもあります。

　もちろん、英語にはひと言で相手をぎゃふんと言わせる言葉がたくさんあります。映画には頻繁に出てきますから、たいてい１つや２つは知っているでしょう。ただ、こういった言葉は日本人が面白半分に

使っていいものではありません。ここでは1つだけ、Bullshit! という言葉を挙げておきましょう。文字通りには「牛のくそ」という意味で、「ばかな、うそつき」という感じで使われます。なお、この種の言葉については、「使わない方がいい言葉」の項目 (p.131) を参照してください。

でも、お互い人間ですから、時には本当に傷つけられることもありますね。Bullshit! のような汚い言葉を使わずに、ずばっと言ってやる文句はないものでしょうか？

●心から怒っているときに使う言葉

それにふさわしい表現には、Shame on you! があります。文字通り「恥を知れ！」という意味で、心から怒っていることを示します。

●親しい人と喧嘩するときに使う言葉

友だちや恋人同士で喧嘩する場合には、これらとは少し違った表現を使います。相手が何かばかなことを言ったときには、Nonsense! とたしなめればいいでしょう。また相手への失望を表す Suit yourself! という言い方もあります。この suit は「〜の気に入る」という意味で、Suit yourself! は日本語の「勝手にしろ！」に相当します。

それから I'm sick and tired of you!（あなたにはほとほと愛想が尽きた）はかなりきつい言葉で、これが出たら2人の関係はもうおしまいかもしれません。

―― まとめ ――

不当に扱われたときは	I just can't take it!
	I've had enough!（I've had it!）
心から怒っているときは	Shame on you!
親しい人と喧嘩するときは	Nonsense!　Suit yourself!
	I'm sick and tired of you!

45 言い訳は、どのように言えばいいのですか？

●誤解を正す言い訳

自分の言ったことが相手に誤解される、ということが会話ではときどき起こりますね。「あれ、そんなふうに受け取るの？」という感じです。日本語で話すときでさえ起こりますから、英語で話すときは、その可能性ははるかに高まります。そんなときは、どう言いつくろえばいいのでしょう？

それにはまず That's not what I mean. という決まり文句を覚えておきましょう。「そんなつもりで言ったのではありません」という意味です。自分の言ったことに相手が反発したとき、その場を収めるために発するせりふとしても使われます。この mean は一般に I didn't mean to〜（〜するつもりではなかった）という表現で使われるものです。

●逃げ腰の言い訳

一方、自分の仕事にトラブルが生じたときの言い訳は簡単ではありません。自分に落ち度があったとは思えない場合は特に難しく、相手を納得させるには慎重な言い回しが必要になります。日本人同士だと、自分には落ち度がないと思っても、とりあえず「すみません」と謝れば、相手は「いやあ、きみの責任じゃないよ」などと言ってくれるかもしれません。でも、欧米の文化では、I'm sorry. と言うのは自分の落ち度を認めるのと同じことです。「すみません」の裏にあるものを汲んではくれないのですね。

ですから、その場合は、まず自分の責任ではないことを明確にする必要があります。よく使われる言い方に It's not my fault.（私のせいではありません）がありますが、自分の責任ではないことの証拠なり

根拠なりを示せない場合には、これは「子供っぽい言い草」という印象を与える恐れがあります。実はIt's not my fault. は、子供が親にしかられたときに反射的に言い返す言葉なのです。

日本語の「仕方ありません」に相当するIt can't be helped. も、言い訳の言葉としては避けた方がいいでしょう。言い逃れをしているだけと受け取られる可能性が高いですし、「自分には状況をコントロールする能力がない」と認めているようにも聞こえます。It can't be helped. は、相手が謝ったのに対して、「まあ仕方のないことだ」と寛容に振る舞うときのせりふと考えておいた方がいいでしょう。

● **自己主張を含んだ言い訳**

ですから、自分には落ち度がないと思ったら、逃げ腰になるのではなく、しっかり自己主張しなければなりません。例えば、I've done everything I possibly can.（できる限りのことはしました）、あるいはI've tried my best.（全力を尽くしました）と前置きして、それから具体的に状況を説明するのがいいでしょう。

言い訳のしかたのまとめ

誤解を正す言い訳	That's not what I mean.
逃げ腰の言い訳	It's not my fault.　It can't be helped.
自己主張を含んだ言い訳	
	I've done everything I possibly can. など

46 否定疑問に間違わずに答えるコツはありませんか？

　英語では、通常の疑問文（例：Are you hungry?）に対しても、否定疑問文（例：Aren't you hungry?）に対しても、答えが肯定的なら（この場合 hungry なら）Yes と、否定的なら（hungry でなければ）No と答えます。

　このことを頭では知っていても、突然 Didn't you go〜? と尋ねられ、とっさに Yes と答えるのか No と答えるのか迷うことがあると思います。日本語では、「行かなかったの？」に対し、「はい」と答えれば、行かなかったことになりますから、どうしても混同してしまうのですね。

　そんなときには、Yes, No を使わず、肯定的なら I did. と、否定的なら I didn't. と答えることをお勧めします（現在であれば I do. I don't.、be 動詞であれば I was. I wasn't. などです）。そうすれば、うっかり逆のことを言ってしまう心配がなくなりますね。

　なお、日本語では「〜を知りませんか？」のような否定を含む疑問がしばしば表現を和らげるために使われますが、英語の否定疑問はむしろ相手を責めたりバカにしたりするためによく使われます。例えば「パンケーキの焼き方を知りませんか？」は Do you know how to make pancakes? ですが、これを Don't you know how to make pancakes? と言えば、「きみはパンケーキの焼き方も知らないの？」という意味になってしまうのです。また、Didn't I tell you to call him? は「彼に電話するよう言ったよね？ ── どうしてしなかったんだ」という非難の表現です。

　Do you〜? や Did you〜? の代わりに、無意識に Don't you〜? や、Didn't you〜? と言ってしまわないよう気をつけましょう。

column

この単語は何？ その2. カタカナ語

Q.「セレブ」は英語ですか？

A.「セレブ」は「セレブリティー（celebrity）」を縮めた語です。celebrity は「有名人、名士」という意味で、主に芸能界などの、よく名前を知られた人のことを言います。英語でもまれに celeb と縮められることがあります。

でも、日本語の「セレブ」は、「有名人」というより「お金持ち」の意味に使われますね。有名人はたいていお金持ちでしょうから、その区別はあいまいかもしれませんが、英語の celebrity, celeb はあくまで「よく名前を知られた人」です。

Q.「コラボレーション」は、もともとどういう意味ですか？

A.「コラボレーション」は英単語の collaboration（協力、共同制作）をカタカナにした語です。でも、collaboration にはもう1つ、ちょっとやっかいな意味があります。

ある国が別の国を武力で占領したとき、占領された国には、進んで占領軍に協力する人々が現れるものです。この「敵への協力」は一般に collaboration と、「協力者」は collaborationist あるいは collaborator と呼ばれます。この場合の collaboration は、「協力」という名の「裏切り行為」なのですね。

collaboration を「共同制作」の意味に使うのはもちろん構いませんが、この語には上記のようなネガティブな意味もあることを知っておいてほしいと思います。

5 ● 一般英語学習書に載っていない情報

47 英語にも敬語はあるのですか？

　日本語では、人に何かを頼むときには、「～していただけないでしょうか？」といったへりくだった言い方をしますが、英語にも同じようなへりくだった言い方があります。例を挙げて説明しましょう。

●Please～.
　「1000円貸してください」を英訳するとき、あなたの頭にまず思い浮かぶのは、
　Please lend me 1,000 yen.
という文だと思います。これは英作文としては完璧ですが、実際の会話でそう言ったとすれば、相手は気分を害するかもしれません。pleaseを添えることで少しは和らいでいますが、lend me～は命令文ですから、「ノーとは言わせませんよ」というニュアンスが込められるのです。「1000円貸してくれたまえ」といった感じでしょうか。
　日本人は Please give me～. といった言い方をよくしますが、この形はしばしば失礼にあたる、ということを覚えておいてください。

●Can you～？
　では、
　Can you lend me 1,000 yen?
ではどうでしょうか？　これは命令文ではありませんから、Please lend me～. よりは幾分ていねいになりますが、場合によっては、「きみには1000円貸す能力があるか？」という意味に取られる恐れがあります。相手はムカッとして、Yes, I can.（そう、ぼくにはその能力がある）と答えたきり貸してくれないかもしれません。

●Could you〜?

その点、仮定法を使って、

Could you lend me 1,000 yen, please?

と言えば、「貸してもらえないだろうか?」という、ていねいな依頼になります(p.58参照)。

■ 仮定法を使った敬語表現の例
Would you carry this for me?
(これを運んでいただけませんか?)
Could you do me a favor?
(お願いしたいことがあるのですが。)

●Would you mind〜?

そして、いちばんていねいなのが、

Would you mind lending me 1,000 yen?

という言い方です。Would は Do に置き換えても構いません。この mind は「気にする、嫌だと思う」という意味ですから、依頼に応じる場合は No. や Certainly not. など、否定を含む言い方で答えなければなりません。

■「どうぞおかけください」

「どうぞおかけください」を Please sit down. と言ってはいけません。これは「座りなさい」という命令です。

また、「座ってください」と頼んでいるわけではありませんから、Would you sit down? でもおかしいですね。

これには Please have a seat. という決まり文句があります。敬語表現は単純ではないのですね。

●場に応じた敬語表現

 でも、敬語表現も場合によりけりです。例えば、ファーストフードの店でコーヒーを注文するときに、I'd like to have a cup of coffee. と言うのはていねい過ぎ、不自然です。こちらは客ですから、A cup of coffee, please. で十分なのですね。過剰な敬語は、場合によっては皮肉と受け取られる可能性もあります。

 日本式の発想で、むやみにていねいな語を使うのも考えものです。例えば lady が woman の敬語として使われることがあるからといって、「女の人が会いに来ました」を A lady came to see you. とするのはどうでしょう？ A woman came to see you. で十分です。

 英語独特の敬語の感覚もあります。例えば「奥さんはお元気ですか？」を How is your wife? と言うのはややぶしつけです。文字通りに「きみの妻は元気かな？」という感じになってしまうのですね。ですから、相手が Johnson さんであれば、How is Mrs. Johnson? と尋ねる必要がありますが、英語圏の習慣ではファースト・ネームを使って How is Dorothy? などと言うのが普通です。How is Dorothy? が自然で How is your wife? はぶしつけ、というのにはちょっととまどいますね。

●目上の人に使う敬語表現

さて、英語圏の人々も目上の人と話すときは、それなりに言い方を変えることがあります。例えば、意見を言うときに文頭に I'd (I would) say とつけ加えたり、依頼を断るときに No, I can't. ではなく I'm afraid I can't. と言ったりするのです。目上の人と話すときは、できるだけストレートな表現は避け、回りくどい言い方をする傾向があると言えるでしょう。ただ、これは微妙なニュアンスを伴うものですから、日本人が使いこなすのは容易ではありません。

でも最低限、先生や上司には、別れのあいさつに So long. や See you again. と言うのはやめておきましょう。これらは、とてもくだけた言い方で、本来親しい友人同士で使うものだからです。先生や上司には Good-bye. です。

敬語表現のまとめ

- ●人にものを頼むときは、命令口調の Please give me～. の形は避け、よりていねいな Could you～?、Would you～?、Would you mind～? の形を使う。
- ●むやみに敬語を使うと、かえっておかしい場合もある。

48 英語にも男言葉、女言葉があるのですか？

日本語の話し言葉には、かなりはっきりした男言葉、女言葉の違いがありますね。ですから、日本の小説に男女の会話が出てくるとき、「…と哲夫は言った」とか「…と京子はつぶやいた」などとつけ加えなくても、どちらが言ったのかが分かります。女性は「～かしら？」「～なの（よ）」「～したわ」「～でしょう？」などと、男性は「～だ（よ）」「～なんだ」「～だったな」「～かい？」などと言います。

英語には、日本語のような系統立った男言葉、女言葉はありませんから、英語の小説を読んでいると、男女のどちらが言っているのか分からなくなることがよくあります。でも、英語にも男言葉、女言葉がないわけではありません。その例を具体的に紹介しましょう。

●女性的な言い方
① lovely（すてきな）

アメリカ英語で、もっぱら女性が使う語に lovely があります。この語は女性が使うと上品な印象を与え、男性が使うとやや不自然に響きます（イギリスでは男性が使っても不自然ではありません）。

You have a lovely house.（すてきな家をお持ちですわね ── 女性的）
You have a nice house.（立派な家をお持ちですね ── 一般的）
Lovely day, isn't it?（いいお天気ね ── 女性的）
Nice day, isn't it?（いい天気ですね ── 一般的）

女性はまた、like to～の代わりに love to～を使う傾向があります。
I'd love to go there.（そこへ行きたいわ ── 女性的）
I'd like to go there.（そこへ行きたいです ── 一般的）

② so（とても）

very の代わりに so を用い、I'm so sorry. などと言うことがありますが、これは feminine so（女性的な so）とも呼ばれ、主に女性が使うものとされています。very よりも感情のこもった語です。

　It's so kind of you.　（どうもご親切さま ── 女性的）
　It's very kind of you.　（どうもご親切に ── 一般的）

ただし、so には「それほどまでに、そんなに」という意味もあり、例えば She was so upset. は、文脈によっては「彼女はそんなにも動転していた」という意味になることもあります（そしてこちらが so の本来の意味です）。つまり、very の代わりの so は、ややまぎらわしい使い方なのですね。

③ awfully, terribly（とても）

awful, terrible はそれぞれ「恐ろしい」「猛烈な」という意味ですが、副詞形の awfully, terribly は「とても」の意味に使われます。そしてこれらはやはり、女性的に響く語と言われています。

　It's awfully cold, isn't it?　（とっても寒いわね ── 女性的）
　It's really cold, isn't it?　（ひどく寒いですね ── 一般的）
　I'm terribly sorry.　（本当にごめんなさいね ── 女性的）
　I'm really sorry.　（本当にすみません ── 一般的）

awfully や terribly の例で分かるように、女性は少し長めの、やや誇張した副詞や形容詞を使う傾向があります。形容詞では wonderful（すばらしい）、marvelous（すばらしい）、magnificent（すてきな）、fabulous（すてきな）などがそれに該当します。What a wonderful morning!（なんてすばらしい朝なんでしょう！）といった調子です。

④ **Oh**（あら）

Oh は、本当に驚いている場合以外に、文頭に軽く添えて使うことがよくあります。これは女性が多用するもので、日本語の「あら」に相当します。Oh, how kind you are!（あら、どうもご親切に！）のような調子です（感嘆文の多用も女性的です）。逆に言えば、男性の場合は頻繁に Oh と言うのは避けた方がいいということになります。驚いたときも、Wow! の方が男性的です。

●男性的な言い方

誇張ぎみの形容詞や副詞を使うのが女性的だとすれば、男性はより短い、簡潔な言葉を用います。例えば女性が「すばらしい」に wonderful や marvelous を用いるのに対して、男性は nice, great, excellent などを使うわけです。また男性は少し荒っぽい感じの語も用います。例えば、一般に、

My left shoulder hurts really bad. （左肩がとても痛いです。）
と言うところを、男性は、

My left shoulder is killing me. （左肩が痛くてたまらんよ。）
と言うかもしれません。

呼びかけの言葉の Hey!（おい！、やあ！）や、buddy（きみ、あんた）も男言葉です。

49 ファースト・ネームで男女は区別できますか？

●first name について

　日本の名前と同じように、英語のファースト・ネーム（first name）にも普通男女の区別がありますが、ある名前が男性のものであるか女性のものであるかを機械的に判別する方法はありません。でも多くの名前に接しているうちに、どちらであるかが自然に分かってくるでしょう。例外は Patricia や Victoria のように a で終わる名前で、それらはまず間違いなく女性のものです。

　英語には、まれに男女共通の名前があります。Leslie（レスリー）がその例で、男女どちらの名前にもよく使われます。これ以外に、主に男性の名前であるものの女性にも使われる Adrian（エイドゥリアン）、主に女性の名前であるものの男性にも使われる Jean（ジーン）、Marion（メアリアン）、Shirley（シャーリー）などがあります。

　日本語ではまれですが、英語ではファースト・ネームにも姓にも使われる名前が珍しくありません。Thomas, George, Lee, Russell がその例です。

●middle name について

　ついでにミドル・ネーム（middle name）について説明しましょう。ミドル・ネームは誕生あるいは洗礼の際に、ファースト・ネームと共につけられるもので、given name の一種です。

①ミドル・ネームが2つ以上

　ミドル・ネームを2つ以上持っている人もいます。例えば、アメリカの第41代大統領ジョージ・ブッシュ（第43代大統領ジョージ・W・

ブッシュの父親)は正式には George Herbert Walker Bush といい、ミドル・ネームを2つ持っていました。多くの人は、自分の名前を書くとき、ミドル・ネームをイニシャルだけにして Edgar C. Smith のようにするか、省略して Edgar Smith のようにします。

②ミドル・ネームで呼ばれる人

ふだんファースト・ネームではなく、ミドル・ネームで呼ばれている人もいます。Robert John Brown という人がいるとして、親が近親者のもう1人の Robert と区別するために、彼を John と呼んでいるうち、それが固定化してしまう、ということがよく起こるのです。彼は自分の名前を R. John Brown、あるいは単に John Brown と書くかもしれません。元ビートルズのポール・マッカートニーは正式には James Paul McCartney という名前ですが、ふだんは Paul McCartney と名乗っています。

Mary Jane Williams が日常的に Mary Jane と呼ばれる、ということもあります（そしてそれはしばしば M. J. と縮められます）。アメリカの南部に多く見られる習慣だそうです。

③旧姓をミドル・ネームに残す女性

　結婚するとき、ミドル・ネームに旧姓を残す女性が少なくありません。Catherine Jean Roberts という女性が Cooper という姓の男性と結婚するとき、Catherine Roberts Cooper と名乗る、という意味です。このように使えばミドル・ネームも役に立ちますね。この人はまた、2つの姓をくっつけて、Catherine Jean Roberts-Cooper と名乗るかもしれません。これは学者に多いと言われています。有名な精神科医の Elisabeth Kübler-Ross（エリザベス・キューブラー＝ロス）がそうですね（彼女は後に Ross 氏と離婚しましたが、アメリカでは離婚後に旧姓に戻る女性はきわめてまれです）。もちろん単に Catherine Jean Cooper と名乗る人も大勢います。

④日本人の場合

　さて、日本人の場合はミドル・ネームがなく、しかも本来は姓が先にくるわけですから、姓は last name ではなく family name（あるいは surname）と、名は first name ではなく given name と言うべきです。

　申請書などに記入する際、middle name も書くよう指示されていたら、Ken-ichi (NMN) SATO のように (NMN) を入れてください。そうしないと、書き込むのを忘れたと受け取られかねません。NMN は no middle name の略です（Ken-ichi とハイフンを入れるのは、「ケニチ」と読まれないため、SATO を大文字にするのは、それが姓であることを強調するためです）。

●nickname について

　英語では、ニックネーム（nickname）が非常に重要な役割を果たします。英語の会話では、日本語の場合よりはるかに頻繁に相手の名前を口に出し、しかも少し親しくなればお互いをニックネームで呼び合うからです。「おはよう」と言うときも、普通は"Good morning, Cathy."のようにニックネームを後につけます。

　nickname は、普通はファースト・ネームを短くしたものですが、Richard—Dick のように全く違うものもあります。以下に主なニックネームを挙げます。左がファースト・ネーム、右がそのニックネームです。

ファースト・ネーム	ニックネーム
James（男）	Jim, Jimmy
Thomas（男）	Tom
Anthony（男）	Tony
David（男）	Dave など
Samuel（男）	Sam
Michael（男）	Mike, Micky
Richard（男）	Dick
Robert（男）	Bob, Bobby
William（男）	Bill, Billy また Will, Willie
Susan（女）	Sue, Susie など
Judith（女）	Judy
Catherine（女）	Cathy
Katherine（女）	Kate, Kathy など
Elizabeth（女）	Betty, Liz など
Margaret（女）	Meg, Maggie

50 英語にも使わない方がいい言葉がありますか？

　以前、東京工業大学はその英語名の略称を TIT と表記していました。アメリカに Massachusetts Institute of Technology（マサチューセッツ工科大学）という有名な工業大学があり、それがしばしば MIT という略称で呼ばれることを意識したものです。けれども、これは英語圏の人々の失笑を買いました（「失笑」は控え目な言い方で、女性の中には怒り出した人もいたようです）。なにしろ tit の複数形 tits（breasts［乳房］の卑猥語）は、アメリカに7つしかない放送禁止用語の1つなのですから。

　どうしてこのようなことが起こったのでしょう？　それは、学校では tits などという言葉は誰も教えてくれず、英語のできる人でも普通それを知らないからです。でも、そのためにネイティブに笑われる（あるいは怒らせる）のでは困ります。ですから、私たちもこれらの言葉を一応知っておいた方がいいでしょう（なお、今日では東工大の略称は Tokyo Tech と改められています）。

●放送禁止用語（1）

　上記のように tits は breasts と同じ意味ですが、文字通りの意味以上の卑猥なニュアンスが込められています。cunt（女性器）も同様です。

　放送禁止用語と言えば、多くの人が思い当たるのが fuck でしょう。tits, cunt の例でも分かるように、卑猥な言葉には4文字のものが多く、一般に four-letter word（四文字語）と呼ばれていますが、fuck（性交する）はその代表格です。

　fuck は、その比喩的な意味をどんどん拡大させていった語です。有名な Fuck you! は「くたばれ！　くそったれ！」という意味ですが、それ以外にも He fucked up.（彼はヘマをやった）や I'm fucked.（なん

てことだ、大失敗だ）などのように使われます。さらにこの語は、fucking の形で、Use this fucking gun.（この銃を使いな）のように、ほとんど無意味に用いられることもあります。でも、本来の意味から離れている場合でも、これが非常に汚い語であることに変わりはありません。

　fuck の合成語 motherfucker（ばかたれ）も放送禁止用語です。やはり禁止用語の cocksucker（げす）の sucker は「吸う人」の意味、cock は「ペニス」の隠語です。なお、cock は本来「おんどり」という意味ですが、アメリカでは避けられ、代わりに rooster が使われます。

●放送禁止用語（2）

　放送禁止用語の残りの2つは shit（大便）と piss（小便）で、このうちの shit は「たわごと、くだらないもの」の比喩としてよく使われます。映画では女性でも Shit!（くそ！）と叫ぶことがありますが、だからといって私たち日本人がまねてもいいということにはなりません。

　piss も一般に避けられる語で、代わりに頭文字 p からきた pee（ピー：おしっこ）がよく使われます。

　なお、piss を含む口語表現に be pissed off（怒った、うんざりした）があります。著者が最近読んだアメリカの恋愛小説では、主人公の男女（共に考古学者）がこの be pissed off を連発していました。

●それ以外の汚い言葉

　ass（尻）は文字通りの意味の他に Up your ass!（くそくらえ！）のような罵りの表現によく使われますが、逆に Get your ass in the room.（部屋に入りなよ）のように親しみを込めて使われることもあります。

　「尻軽女、意地の悪い女」の比喩として使われる bitch（雌犬）もまた品の悪い言葉です。son of a bitch（略して SOB）は「尻軽女の息子」という意味で、相手を罵る言葉です。

●神あるいはキリストに関係する語

　God damn! あるいは God damn it! は「しまった！　ちくしょう！」という意味の罵り、困惑、怒りの表現です。これは goddam(n) ともつづられ、形容詞的にも用いられます。けれども罵りや怒り、困惑などを表すのに God や Jesus を引き合いに出すのは品の悪いこととされていますので、私たちはこれらの言い回しを避けるべきです。

　このことは Oh my God!（おやおや、さあ大変だ）に関しても言えます。ネイティブの多くは God や Jesus を直接口にするのを避け、Oh my God! の代わりに Oh my gosh! と、Jesus!（なんてこった、ちくしょう）の代わりに Gee!（ジー）、Jeez!（ジーズ）と、Hell!（くそっ、ちぇっ）の代わりに Heck! と言います。

　なお、damn は「罵る」という意味ですが、「ひどく、全く」の意味で副詞的に用いられることもあります。a damn good movie（すげえ面白い映画）といった具合です。でも、これも私たちはまねしない方がいいでしょう。

●intimate と intercourse

　intimate は本来「親密な」という普通の言葉なのですが、今日では主に「男女（あるいは同性同士）が深い関係にある」ことを婉曲に示すのに用いられます。ですから、この語を人間関係に使うときは要注意です。He is my intimate friend. とは決して言わないようにしましょう（「親友」は good friend）。

　同様に intercourse（関係）も、個人について用いるときは、sexual intercourse（性的関係）を暗示することが多いですので、使うのは避けましょう。

51 英語の差別語には、どんなものがありますか？

前の項目の卑猥語と同じように、知らずに使い、相手を怒らせることのないよう、差別語も知識として持っておく必要があります。以下にその具体例を示しましょう。

●人種についての差別語

黒人に関しては、まず決して使ってはならないのが nigger（くろんぼ）です。nigger のもとになっている Negro（黒人［の］）は、本来は中立的な語ですが、場面によっては軽蔑的に使われることもありますので、やはり避けた方がいいでしょう。「黒人」を表す語として今日よく使われるのは Black（または black）および African American（または Afro-American）です。

Indian（インディアン［正式には American Indian］）は、しばしば Native American という語で言い換えられるようになりました。でも、当人たちは American Indian という語の方を好んでいるという調査結果もありますので、これに関しては神経質になる必要はないでしょう。

日本人を Jap と呼ぶたぐいの軽蔑語は数多くあります。例えばフランス人を Frog あるいは Froggy（フランス人がカエルを食べることから）と、ドイツ人を Kraut（キャベツ：ドイツ人がキャベツをよく食べることから）と、中国人を Chinaman と、パキスタン人を Paki と呼ぶときには、いずれも軽蔑の気持ちが込められます。

●性的傾向についての差別語

「同性愛者」に相当する正式な語は homosexual ですが、男性の場合は普通 gay と言います。gay の本来の意味は「陽気な、派手な」ですが、「ゲイ（の）」の意味に使われるようになって以来、本来の意味は実質的に消えてしまいました。gay には軽蔑的な響きはありません。

これに対して、同じく「ホモの」を意味する queer には軽蔑的な響きが込められます。queer は本来「奇妙な」という意味ですが、これまたその意味ではほとんど使われなくなりました。他に fag, faggot などが軽蔑的に使われます。

一方女性の homosexual は lesbian（レズビアン）とも呼ばれます。その軽蔑語には dike や les［レズ］などがあります。

●Politically Correct（PC）とは

politically correct は、文字通りには「政治的に正しい」という意味ですが、1980年代の末から、人の言動が「差別的でない」ことを示す語として広く使われるようになりました。例えば、男女を区別する語は結果的にその差別を助長することになり、politically correct（略してPC）ではない、と言われるようになったのです。以下にその例を挙げましょう。右側が PC です。

人間	man	→	human beings
議長	chairman	→	chairperson
販売員	salesman	→	salesperson
客室乗務員	stewardess	→	flight attendant

けれども、PC であろうとする運動はしばしば行き過ぎ、実質よりも細かな言葉遣いだけを問題にするようになって、保守的な人々の反発を買いました。今日、politically correct という語がしばしば皮肉として用いられるのはそのためです。

52 イギリス英語とアメリカ英語はどう違うのですか？

　「イギリス英語こそが本来の英語だ」という立場からすると、アメリカ英語は方言の一種に過ぎません。でも、アメリカ英語は「方言」で片付けるには話す人の数が多すぎ、世界的な影響力が強すぎます。アメリカ英語は、イギリス英語と並ぶ二大標準英語と考えていいでしょう。

　ではイギリス英語とアメリカ英語はどこが違うのでしょう？

●発音について

①語尾や子音の前のrはアメリカでは発音され、イギリスでは発音されません。例えばstarの発音はアメリカでは[stá:r]、イギリスでは[stá:]、birdの発音はアメリカでは[bə́:rd]、イギリスでは[bə́:d]です。この中の[ə:r]は実際には[ə:]の後に[r]が挿入されるのではなく、全体で1つの音ですので[ɚ:]とも表記されます。[ɚ]はrを発音するときのように舌の中央を上げて[ə]と発音すれば出すことができます。

② ask, bath, can'tなどのaは、イギリスでは[ɑ:]と発音されるのに対し、アメリカでは[æ]と発音されます。can'tがイギリスでは「カーント」、アメリカでは「キャント」と発音されるのが特に知られていますね。でもこれは、[æ]がイギリスではすべて[ɑ:]と発音されるという意味ではありません。例えば、canはどちらでも「キャン」と発音されます。

③ not, hot, topなどのoが、イギリスでは[ɔ]と発音されるのに対し、アメリカでは[ɑ]と発音されます。これもよく知られた英米の発音の違いですね。

④イギリス英語の [ju:]（ユー）が、アメリカ英語ではしばしば [u:] になります。例えば、new はイギリスでは「ニュー」、アメリカでは「ヌー」と発音されます。

⑤ no, go, home などの [ou] が、イギリスでは[əu]に近い音になります。したがって、イギリスでは no が「ナウ」、home が「ハウム」に近い発音になります。これは比較的最近のイギリス英語の変化によるもので、私たちは新しい相違に直面することになりました。

このように相違点を並べられると、いかにもイギリス英語とアメリカ英語は大きく異なるような印象を受けますが、実際に聞き比べてみると、両者にそれほどの違いはありません。もし、あなたが英米人と会話していて「英米の発音の違いがどうしても気になる」とすれば、それはあなたがもうネイティブの域に近づいていることを意味します。英語の CD をかろうじて聞き取っているレベルの英語学習者にとっては、英米の発音の違いは重大なものではないでしょう。

● 語彙について

イギリス英語とアメリカ英語にはかなりの語彙の違いがあります。そのいくつかの例を挙げましょう。

① 同じ語が異なる意味に使われるもの

	イギリス英語	アメリカ英語
subway	地下道	地下鉄
sick	むかむかする	病気の

② 同じ事物に対して別々の語が使われるもの

	イギリス英語	アメリカ英語
エレベーター	lift	elevator
アパート	flat	apartment
ガソリン	petrol	gas
郵便	post	mail
休暇	holiday(s)	vacation
建物の2階	first floor	second floor

●文法について

　書き言葉に関しては、イギリス人、アメリカ人の英語に文法上の違いはほとんどありませんが、日常の話し言葉ではある程度の違いが見られます。「アメリカでは Go and shut the door.（行ってドアを閉めてくれ）の代わりにしばしば Go shut the door. が使われる」などがその例ですが、発音や語彙に比べてそれほど大きな違いはありません。

●なぜ違いが生まれたのか

　アメリカ英語の発音の特徴と言われるものは、実はほとんどが17～18世紀頃にイギリスで発音されていたものです。語尾や子音の前の r も、ask の [æ] も、hot の [ɑ] もそれにあてはまります。イギリス人が大挙してアメリカに移住した17～18世紀以来、アメリカ英語の発音がそれほど変わっていないのに対し、イギリス英語の発音はかなり変化しました。つまり、一般的な印象とは裏腹に、イギリス英語が変わったことが英米の違いの主な原因なのです。

　これは、語彙や文法に関しても一般にあてはまります。例えば mad はイギリスでは「気の狂った」の意味に、アメリカでは主に「怒った」の意味に使われますが、後者はイギリスでも昔に使われていたものです。また、アメリカでは fall が「秋」の意味に使われますが、これはイギリスでは非常に古い言い方で、今日では autumn が使われます。

　この奇妙な現象について、「言語も、樹木と同様に、異なった土地に移植されると、それが根付くまでは成長を拘束される」と説明している学者もいます。

53 英語にも方言はあるのですか？

 前の項目で、イギリス英語とアメリカ英語の違いを紹介しましたが、それはあくまでそれぞれの「標準的な英語」を比較したものです。実際には、イギリス英語にもアメリカ英語にもいくつもの方言があって、英語を豊かに彩っています。もし、あなたが「ニュースやインタビューの英語はまあまあ分かるが、映画の英語はほとんど分からない」と感じるとすれば、それには日常会話では丸出しになるなまり（英語ではaccentと言います）が大きく関与しています。

 なまりはイギリス英語でとくに激しく、スコットランドなまり、イングランド北西部なまり、ロンドン下町なまりなど、日本人には非常に聞き取りづらい方言にあふれています。アメリカにもニューイングランドなまり、南部なまりなどがあります。世界的にはオーストラリア英語、インド英語などがよく知られていますね。ここで、その代表的なものをいくつか紹介しましょう。

●ロンドン下町なまり（Cockney accent）

 英語の方言の中で、おそらく最も有名なのがロンドン下町のなまり、Cockney accentです。コックニー・アクセントでは、まず標準英語の[ei]が[ai]と発音されます。playが「プライ」、eightが「アイト」になるのですね。ミュージカル映画 My Fair Lady には The rain in Spain stays mainly in the plain. という歌が出てきますが、これは主人公イライザのコックニー・アクセントを矯正するためのもので、[ei]の音がふんだんに含まれています。

 コックニー・アクセントの2番目の特徴は、語頭のhが発音されないことです。handが「アンド」、heartが「アート」、hostが「オスト」のように発音されるわけです。

このなまりには、さらに th が [v] あるいは [f] と発音される傾向があります。three が「フリー」に、father が「ファヴァー」に近くなるわけですね。t が発音されない傾向もありますが、t の音を完全に抜かすのではなく、呑み込むようにしますので、例えば better は「ベ・ア」のように聞こえます。これだけのなまりが重なるのですから、コックニー・アクセントがかなり聞き取りづらいものになるのは当然です。

●アメリカ東部なまり

アメリカでは、シカゴを中心とした中西部の英語が標準的と言われていますが、実際にはそこから西海岸にかけての、全土の約3分の2の地域でほとんど同じ英語が使われています。カリフォルニアの英語は、語尾や子音の前の r をはっきり発音する、[æ] を強く発音するといった特徴があるものの、標準英語の範囲内に収まります。

アメリカ標準英語からややずれているのが、ボストンを中心とするニュー・イングランド地域の英語です。ニュー・イングランドは、その名のとおりイギリス英語の影響が強く、[æ] がしばしば [ɑ:] と発音され、また語尾や子音前の r がしばしば発音されません。カリフォルニアの英語とは逆の傾向があるわけですね。

ニューヨークは同じ東海岸ですが、ブルックリンなどの下町ではボストンのものとは異なるなまりが聞かれます。例えば th が t や d に置き換えられて brother が「ブラダー」、three が「トゥリー」に、さらに [ə:] が [oi] に置き換えられて world が「ウォイルド」、bird が「ボイド」になりますから、かなり独特の響きになります。これは実はアイルランド英語の特徴であり、かつてアイルランド人が大挙してニューヨークに移住したことを反映していると言われています。

●アメリカ南部なまり (Southern accent)

アメリカ英語の方言の中で、最も有名なのは南部なまりです。

南部なまりでは、まず [ai] が伸ばされ、[a:] に近い発音になることが知られています。例えば、high が「ハー」に、time が「ターム」に、fight が「ファート」のような音になるのです。これに限らず、南部なまりには母音が伸ばされる傾向があって、一般に drawl（ドロール）と呼ばれています。

南部ではまた、you all がしばしば「ヤオール」あるいは「ヨール」のように、what do you が「ワダヤ」のように発音されます。また、コックニー・アクセントと同じように、t の音を発音せずに呑み込んでしまう傾向もあります。こういった特徴が重なるため、Southern accent はやはりかなり聞き取りづらい英語になっています。

●オーストラリア英語

オーストラリアの英語には、Broad（卑俗型）、General（一般型）、Cultivated（洗練型）の3種類があると言われています。オーストラリア英語はイギリス英語の影響が強く、教養人の英語である Cultivated Australian は標準イギリス英語に近いものです。一方、Broad Australian は言わば「丸出しのオーストラリア弁」で、有名なオーストラリアのあいさつ G'day, mate! は「グダイ、マイト」のように聞こえます。[au]が[æu]の音になるため、mouse が「ミャウス」に、cow が「キャウ」に近くなる、といった特徴もあります。

オーストラリア人の6割以上が話すという中間的な General Australian では、なまりはそれほどきつくありませんが、rain（ライン）のように [ei] が [ai] になる特徴は健在です。これは実はコックニー・アクセントと同じで、その昔、ロンドンの労働者階級がオーストラリアに移住して、その社会の基礎を築いたことを物語っています。

54 英語の勉強に役立つことわざはありませんか？

　ことわざは、世の東西を問わず、口調のよさに重点を置いて作られています。ですから、ことわざに使われている表現がそのまま普通の文章に使われるとは限りません。例えば A friend in need is a friend indeed.（困ったときの友が真の友）の indeed（本当に）は in need と口調を合わせるために用いられているもので、「真の友」は普通は a real friend と言います。けれども一方、ことわざは英語特有のリズムに接するよい材料になりますし、暗記しておけば英語の構文のチェックに役立つものもあります。ここで、そのいくつかを紹介しましょう。

(注意) ことわざは口調重視。その表現がそのまま普通の文章に使われるとは限らない。

例えば「困ったときの友が真の友」
A friend in need is a friend indeed.
（真の友）
この表現、普通は… → a real friend となる。

●All that glitters is not gold.
　「輝くものすべてが黄金とは限らない」という意味のことわざです。人やものを見かけで判断しないよう戒めているのですね。
　この文のように、all が not と共に用いられる場合、not は all だけにかかり、「全部というわけではない」の意味になります。これを部分否定と言います。部分否定は普通、

　　Not all of us went there.
　（私たちの全員がそこへ行ったわけではない。）

のように not all の形で用いられますが、
　All men are not wise.
　（人間すべてが賢いわけではない。）
のように、all と not が離れていて意味がとりづらい場合もあります。そのときは、このことわざを思い出して、「すべてが～とは限らない」という部分否定になることを確認してください。

●It is never too late to learn.

「学ぶに遅すぎることはない」という意味のことわざです。too～to…は「あまりに～すぎて…できない」という意味ですが、これに否定の語がつくと二重否定になり、その意味は肯定的になります。年を取ってもどんどん学びなさい、ということですね。too に否定の語がつく形には You cannot be too careful. がありますが、これも「いくら注意してもし過ぎることはない＝よくよく注意しなさい」という肯定的な意味になります。この形が出たら、ことわざを思い出してください。

●Time and tide wait for no man.

「歳月人を待たず」ということわざです（tide は「潮の干満」の意味）。「人を待たない」を don't wait for men ではなく wait for no man と言うのがいかにも英語的です。リズムで覚えてください。同じ構文のことわざには A rolling stone gathers no moss.（転がる石に苔むさず）があります。

●A bird in the hand is worth two in the bush.

「手の中の一羽の鳥は藪の中の二羽に値する」という意味です。worth two（＝worth two birds）は合わせて is の補語になっていますが、これは文法的にはきわめて特殊な形ですので、理屈よりも口調で覚えてしまうことが大事です。このことわざをそれに利用してください。なおこの worth two は worthy of two と言い換えることができます。

55 掛け算、割り算はどう言えばいいのですか？

●加減乗除の言い方をまとめておきましょう。
①足し算（addition）
　3　＋　4　＝　7　　　　3 plus 4 equals（is, makes）7.
　数式の主語は単数扱いが基本で、＝は equals ですが、is や makes が使われることもあります（複数扱いされることもあります）。
　足し算には Adding 4 to 3 gives 7. という言い方もあります。
　「3と4の合計を求めなさい」は、find を使って、
　Find the sum of 3 and 4.
と言います。

②引き算（subtraction）
　7　－　3　＝　4　　　　7 minus 3 equals (is) 4.
　引き算には Subtracting 3 from 7 leaves 4. という言い方もあります。

③掛け算（multiplication）
　6　×　8　＝　48　　　　6 times 8 equals (is, makes) 48.
　×は times と言います。
　掛け算には 6 multiplied by 8 makes 48. という言い方もあります。

④割り算（division）
　12　÷　4　＝　3　　　　12 divided by 4 equals (is) 3.
　÷は divided by と言います。
　なお、14　÷　5　＝　2・・・4（2余り4）は、
　14 divided by 5 gives 2 with a remainder of 4.

と言います。

●小数と分数はどうでしょうか？

①小数（decimal）

小数点（decimal point）は point と読み、小数点以下は棒読みにします。ですから、7.29は seven point two nine です。0.71は、0 を読まず、単に point seven one と言います。

②分数（fraction）

分数は、日本語とは逆に、分子→分母の順に読みますが、分母は序数で表し、分子が 2 以上の場合は分母を複数形にします。

$\frac{1}{3}$　　　　a（one）third

$\frac{2}{3}$　　　　two thirds

「2分の1」と「4分の1、4分の3」には特別の言い方があります。

$\frac{1}{2}$　　　　a（one）half

$\frac{1}{4}$　　　　a quarter

$\frac{3}{4}$　　　　three quarters

ただし、桁数の多い分数は分母も普通の数字で言い、間に over あるいは by を入れます。

$\frac{21}{78}$　　　twenty-one over（by）seventy-eight

●その他の計算、数量の表現を簡単にまとめておきましょう。

①累乗（power）と平方根（root）

3^2	the second power of 3　あるいは the square of 3
4^3	the third power of 4　あるいは the cube of 4
$\sqrt{5}$	the second (square) root of 5

②倍数（multiple）

2倍は twice、3倍以上は times を使って three times などと言います。ただし、2倍は double、3倍は triple を使うこともあります。

「あの池はこれの4倍の大きさです」は That pond is four times as large as this one. と言います。

③比率（ratio）

2：3は two to three と言います。「3：4の割合」は the ratio of three to four です。

④面積（area）と体積（volume）

「平方メートル」は square meters と言います。「2平方キロ」は two square kilometers です。

「立法メートル」は cubic meters です。

⑤角度（angle）と温度（temperature）

角度には degrees を使います。45度は45 degrees です。なお直角（90度）は a right angle、「直角に交わる」は cross at right angles と言います。

ちなみに温度にも degree を用い、25 degrees Celsius（摂氏25度）、75 degrees Fahrenheit（華氏75度）のように言います。Celsius（セルシィアス）、Fahrenheit（ファレンハイト）は共に人名です。換算の数式は℃＝（℉－32）×$\frac{5}{9}$です。

56 英語の手紙はどう書けばいいのですか？

英語の手紙の書き方を紹介しましょう。

●封筒の書き方

下図のように、相手の名前と住所を中央に、差出人の名前と住所を左上に書き、右上に切手を貼ります。

```
Takao YOSHIDA                                    (切手)
21-7, Nishizaka 1 chome
Nishizaka apartment 203
Tsuyama-shi, Okayama-ken
710-0017 Japan
            Mrs. Robert Smith
            632 Main Street, Columbia
            VA 36904-2325 USA
```

①相手の名前

相手の名前はフルネームに Mr. Mrs. Miss あるいは Ms. をつけます。Ms. は既婚・未婚を区別せずに女性一般に使えますので、便利です。Mrs. を使う場合は、Mrs. Mary Smith ではなく、Mrs. Robert Smith のように、ご主人の名前に Mrs. をつけます。Mrs. は wife of〜を意味するからです（ただし離婚した人、ご主人を亡くした人の場合は Mrs. Mary Smith です）。この形が男尊女卑的で嫌だと思う人は、Ms. を使ってください。

②住所

住所は日本とは逆に小さい区域→大きい区域の順に書きます（ただしアパートの部屋番号は通りの名の後に入れるのが普通です）。アメリカの州名は CA（カリフォルニア州）や NY（ニューヨーク州）のように2文字に略すことができますが、略し方は決まっていますので、それを知らない場合は略さずに書きます。

次いで ZIP code（郵便番号）を書きます。アメリカの場合は 5 + 4 の 9 桁で、23572-3627 のように途中にハイフンを入れます。前半の 5 桁しか知らなければ、それでも構いません。最後が国名です。

③差出人の名前

差出人の名前は、姓と名が混同されないよう、図の Takao YOSHIDA のように姓を大文字で書くこともできます。日本から外国に出す場合、差出人の住所は最終的に日本の郵便局員が見るものですから、日本人にとって分かりやすいように Fukuyama-shi, Hiroshima-ken のように書きます。

●手紙の構成

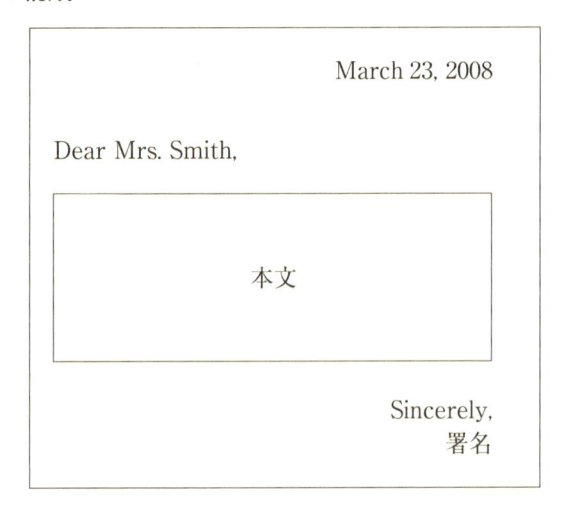

```
                                    March 23, 2008


Dear Mrs. Smith,

    ┌─────────────────────────────┐
    │                             │
    │                             │
    │           本文              │
    │                             │
    │                             │
    └─────────────────────────────┘

                                    Sincerely,
                                      署名
```

①日付

　手紙は、まず右上に日付を入れます（正式にはその上に差出人の住所を書きます。欧米には手紙の本体だけをファイルして保管する習慣があるからです）。

　日付の書き方にはアメリカ式とイギリス式があります。アメリカ式は October 25, 2008、イギリス式は 25 October 2008 です。月名は Oct. のように略さない方がいいでしょう（ビジネスレターの場合は特に）。ちなみに読み方は、アメリカ式が October (the) twenty-fifth, twenty oh eight、イギリス式が the twenty-fifth of October, twenty oh eight です（0 は oh［オウ］と読みます）。

②書き出しのあいさつ

　日付から2行ほどスペースをあけて、左端から書き出しのあいさつを書きます。これは「私を Maggie と呼んで」と言われている相手なら Dear Maggie と、そうでない相手なら Dear Margaret Adams や Dear Ms. Adams などと書いて、カンマをつけます。Dear を使わず、Hello!

などで始める例もありますが、ほとんどは Dear～です。

③本文

手紙本文の書き方にルールはありませんが、手紙によく現れる文をいくつか紹介しておきましょう。

It was so nice to hear from you. （お手紙ありがとう。）

I can't tell how much I appreciate your letter.
（あなたのお手紙がどんなに嬉しかったことでしょう。）

Thank you for your most welcome letter of April 25.
（4月25日付のすばらしいお手紙をありがとう。）

I owe you one! （お世話になりました！）

I very much appreciate your concern.
（ご心配いただき、感謝しています。）

I think of you very often. （あなたのことをよく考えています。）

I am concerned about you. （あなたのことを心配しています。）

Best wishes for your speedy recovery.
（早く回復されるよう祈っております。）

Well, that's all for now. （とりあえずこんなところです。）

Please write and tell me all the news.
（そちらのことを何でも書いて知らせてください。）

I look forward to hearing about you.
（そちらの様子もお知らせください。）

Please say hello to everyone. （皆様によろしく。）

④結びの言葉

本文の最後の文章を書いた後は、1行あけ、中央より右寄りに結びの言葉を書きます。結びの言葉はさまざまありますが、最もよく使われるのが Sincerely で、すべての手紙の75％がこれで終わっていると言われています。これ以外に Sincerely yours、Yours truly、With best wishes（ご多幸を祈って）、インフォーマルなものに Love、With love などがあります。それからカンマをつけて改行し、自分の名前をサインします（必ず肉筆）。サインの名前は、最初のあいさつで相手をファーストネームで呼んだ場合はファーストネームに、フルネームや Ms. ～などとした場合はフルネームにしなければなりません。これが異なることのないように気をつけましょう。ビジネスレターの場合は、その下に自分のフルネームをタイプし、さらにその下に簡単な肩書きを添えます。

●E メールの書き方

お互いに忙しい身、儀礼的な言葉はできるだけ排除して用件のみを伝える、というのが E メールの暗黙の了解です。この点は、日本語の E メールと同じですね。文章は会話調にします。

書き出しは、Hi あるいは Hello とします。Dear で始めるのは E メールには似合いません。結びも Sincerely では堅苦しく、単に自分のファースト・ネームを書くか、せいぜい Thanks. あるいは Best, Miki 程度にします。日付は自動的に入りますから、必要ありません。

メールではしばしば省略形が使われます。代表的なものを下に示しました。ただし、ネイティブの中には省略形を嫌う人もいることを覚えておいてください。

$$\begin{aligned}
&\text{ASAP = as soon as possible（できるだけ早く）}\\
&\text{FYI = for your information（ご参考までに）}\\
&\text{BTW = by the way（ところで）}\\
&\text{BCNU = be seeing you（じゃあね）}\\
&\text{NRN = no reply necessary（返事不要）}
\end{aligned}$$

顔文字は英語では emoticon あるいは smiley と言います。:-) が笑顔、:-(が「怒っている」、;-(が「泣きたい気分」、;-) がウィンク、:-D が「あはは」、:'(が「泣いている」などで、日本の顔文字とは少し違います。

57 クリスマスカードはどう書けばいいのですか？

　市販のクリスマスカードは、普通 2 つ折りになっていて、右ページの中央に With Best Wishes for Christmas などのあいさつ文が印刷されていますね。手順としては、まずこのあいさつ文の左上に Dear Mary Johnson, のように相手の名前を書き、あいさつ文の下に独自の文を書き加えて、最後に右下に自分の名前を書きます。

　あいさつ文の下に加える文章としては、相手の近況を尋ね、自分のことも伝えるような親しみのあるものが望まれます。スペースが足りなかったら、左ページ（普通は空白にしておきます）を使ってもよいでしょう。

　書き加える言葉が思い当たらない場合は、次のようなあいさつ文を添えます。

Wishing you a prosperous New Year!
　　（新しい年が実りあるものでありますように。）
We wish you all the best in the coming year.
　　（新しい年のご多幸をお祈りいたします。）
We hope the New Year brings you health, happiness and prosperity!
　　（新しい年があなたに健康と幸福と繁栄をもたらしますように！）

　クリスマスカードは、アメリカの場合、感謝祭（11月の第 4 木曜日）を過ぎたらいつ届いても構いません。必ずクリスマス当日前に届くよう、早めに出すことをお勧めします。

　なお、相手がクリスチャンであることが確認できない場合は、クリスマスカードに代え、Christmas という語の入っていない Season's Greetings（季節のあいさつ状）や New Year Card（年賀状）を出すようにしましょう。

column

この単語は何？ その3. スポーツ用語

Q. ゴルフ用語の「バーディー」や「ボギー」はもともとどんな意味ですか？

A. まずゴルフの「基準打数」のpar（パー）ですが、これは普通の英単語で、「同等、標準」を意味します。

パーより1打少ないスコアはbirdie（バーディー）と言いますが、これはbird（鳥）に親しみを示す接尾辞ieがついた形で、文字通りには「小鳥ちゃん」というほどの意味です。ボールが鳥のようにまっすぐにホールに向かって飛んでいく様子の比喩と考えられます。birdieよりさらに1打少ないスコア、eagle（イーグル）は、獲物に向かって直進する鷲のたとえです。

パーより1打多いスコア、bogey（ボギー）はとてもおもしろい語です。bogeyはもともとは「鬼」という意味ですが、19世紀末に"The Bogey Man"という題の歌がはやり、それにちなんで「各ホールを常にパーで回る仮想のパートナー」がBogeymanと呼ばれるようになりました。アマチュアのプレーヤーにとってはほとんど勝ち目のない、恐るべき「仮想パートナー」だったわけです。

ところが、間もなく、このボギーマンが急に弱くなる事態が生じました。新しいゴム製のボールが開発され、飛距離が伸びて、スコアが平均して1打短縮されたのです。この短縮されたスコアがパーと認められた結果、ボギーマンのスコアはパーより1打多いものになってしまいました。

6 ● 英語の勉強のしかた

58 英語は少しでも早い年齢から始めるのがいいのですか？

●母国語が固まる時期

　言語は、少しでも早い年齢から学び始めれば、それだけ簡単に、自然に習得できる、とよく言われます。親がビジネスマンなどで、アメリカで育った日本人の子供たちは、学校で英語を、家庭で日本語を学んで、自然にバイリンガルになれる、とうらやましがられます。

けれども、それは好ましいことなのでしょうか？　親と一緒に英語圏に渡り、そこで成長した日本人の子供たちがどのように英語力をみにつけていくかについては、学術的な調査も行われていて、興味深い結果が出ています。小学校の2、3年生以降に英語圏に渡った子供たちが非常によく英語ができるようになるのに対して、小学校入学前に渡った子供たちはなかなか英語を習得できない、というのです。

　もちろん、幼児はすぐにペラペラと英語をしゃべるようになります。けれども、総合的な英語力はなかなかみにつかないのです。幼児期から小学校の低学年までは、母国語が固まるとても重要な時期で、その間に別の言語が入ってくると、脳に大きな混乱が生じると言われています。重要な点は、人間の「考える力」が母国語の習得に伴ってついてくるということです。ですから、幼児期に2つの異なる言語にさらされた子供は思考能力の発達が遅れ、どちらの言語の習得も中途半端になる可能性が高い、と言われています。

　でも、ヨーロッパやアメリカでは、父親がドイツ人で、母親がフランス人で、家族でアメリカに住んでいる、というケースがたくさんありますね。その子供たちはみな「考える力」がつかないのでしょうか？

　それには個人差があって、問題なくバイリンガルになる人が大勢いる一方、言葉の問題で悩みをかかえながら成長する人も少なくないそうです。共通の要素の多い英語、フランス語、ドイツ語などでもそのような問題が生じるのですから、日本語と英語の場合はより深刻です。そう考えると、日本に生まれ、日本語だけを聞いて育つ子供たちは、とても恵まれているということになりますね。

●幼児のための英語教室

　母国語を混乱させるという観点からすれば、幼児のための英語教室は危険なのでしょうか？　それは心配要りません。週に1、2回集まって「ハイ、フレンズ！」などとやっている程度のことが、圧倒的な母国語の力に太刀打ちできるはずがないからです。でも、裏を返せば、幼

児に英語を習わせることに大きな期待はかけられない、ということにもなります。

●小学校における英語の授業

　いま、小学校に英語の授業を導入することが検討されていますね。母国語の固まった小学校の4年生ぐらいから、学校で英語を教えるということには、何か問題があるでしょうか？

　それによって充実した国語教育が阻害されることがない、という条件が守られれば、それも悪いことではないかもしれません。英語の時間を作るとなれば、その分何かの科目を減らさなくてはならなくなりますが、それがどの科目になっても問題が生じるでしょう。国語の時間を減らすとすれば、それは明らかに本末転倒です。母国語でしっかり自己表現ができるようになってはじめて、英語の力もついてきます。国語力と英語力は比例するのですね。

　そしてもし、国語教育を阻害せず、その他の科目とも円満に折り合いをつけて、小学校高学年に英語の時間を取れるようになったとしたら、そのクラスはぜひゲームを主体とした楽しいものにしてほしいと思います。言葉を学ぶのは楽しいことだ、という気持ちを小学生たちが持つことができれば、それは中学校からの本格的な英語教育に大きなプラスとなるでしょう。楽しくないことが、英語の学習を阻害している最大の要因だからです。

59 どうすれば英語ができるようになるのですか？

　日本人の多くは、中学・高校で最低6年間は英語を勉強しているのに、ほとんど英語がみについていない、とよく言われます。高校を卒業した人が、街角で外国人に英語で話しかけられ、途方に暮れるのはどうしたことだろう、と首をかしげる人もいます。

　英語で話しかけられて途方に暮れるというのは、場慣れの問題も関係しますから、それだけで英語がみについていないと言うことはできません。高校を卒業した人の何割かは、まずまずの英語力を持っていると思いますが、一方では、6年間勉強したはずなのに、ほとんど無駄な努力に終わっている人が多いことも確かです。

　日本人が英語ができないのは、いまだに古臭いやり方にしがみついている学校教育のせいだ、と主張する人々もいます。でも、冷静に考えれば、その議論は当たっていないことが分かります。日本人の多くが英語に苦戦しているとすれば、その原因の第1は日本語と英語の言語としての構造が違いすぎること、第2はほとんどの日本人には日常的に英語を使う機会がなく、学んだことを定着させられないことです。でも、それは本当に困ったことなのでしょうか？

　試しにインドの観光地に行ってみてください。ペラペラと日本語をまくし立てるインド人の若者がまとわりついてくるでしょう。彼らにとって、日本語は生活の糧です。だからこそ、必死になって日

本語を勉強し、習得したのです。もしあなたが必死になって英語を勉強していないとすれば、それはその必要に迫られていないからではありませんか？ そしてそれは恵まれた状態ではありませんか？

すべての日本人が英語をみにつけなければならない、などということはありません。英語ができなくても、働いて収入を得、不便を感じずに日常生活を営んでいけるなら、それで構わないのです。義務教育で英語が教えられるのは、すべての人にそれを学ぶ機会を提供するためで、全員に英語を押しつけるためではありません。これは国語の教育と根本的に異なる点です。

私たち日本人が英語を勉強するのは、そうしなければ生活していけないからではなく、それを「選択」するからです。英語を用いて、より広い可能性を切り開いていくためです。学校英語は確かにいくつかの問題点をかかえていますが、「そのために私は英語ができない」と言うことはできません。勉強するのは自分自身で、授業はその補助に過ぎない、ということを肝に銘じてください。

さて、そのことを前提にした上で、どうすれば英語ができるようになるかを検討してみましょう。

●英語アレルギーを取り払う

あなたは「英語は苦手だ」という意識を持っていませんか？ その気持ちは英語を学ぼうとする意欲を減退させます。英語アレルギーがあるとすれば、まずそれを取り払う必要があるのですね。

例えば、気に入っているアメリカ人の歌手がいたら、その人が歌っている曲の歌詞カードを手に入れて、聞きながら一緒に歌ってみる、という方法があります。何度もそれをやっているうちに、カードを見なくても、そらで歌えるようになるでしょう。

また、例えば映画が好きだったら、市販の映画シナリオの対訳を買ってきて、気に入ったくだりを暗記する、という手もあります。登場人

物になったつもりで、そのせりふを声に出してみるのもいいでしょう。
　歌にしろ、映画にしろ、生の英語ですから、完全には理解できないかもしれませんが、それは今は問題ではありません。英語が生きた言葉であって、生身の人間が発するものだということを肌で感じ取ることが重要です。そんな調子で、例えば何曲もの英語の歌をそらで歌えるようになったところで、次のステップに移ります。これは英語アレルギーを取り払うためのもので、準備段階に過ぎません。

●文法を理解する

　それから、中学校１年の英語の教科書を引っ張り出して、１ページ目から読み始めます。とりわけ、そこに挙げられている文法事項を自分が理解しているかどうかをチェックします。車などを分解して点検することをオーバーホール(overhaul)と言いますね。このオーバーホールをする気持ちで、自分の英語力を一つひとつチェックしていくのです。そのうち、「えっ、これはこういうことだったの？」という部分が必ず出てきます。分かったつもりになっていたけど、実は分かっていなかったことがあるのですね。１年生の教科書が終わったら、２年生の教科書、３年生の教科書と進みます。
　分からなかったものが分かるようになる、というのは感動的な経験です。今までは傾いた土台にレンガを積み上げていたようなものだ、と気づくかもしれません。これは、最初から分かっている優等生には味わえない楽しみです。基本５文型を理解することで、目的語と補語の区別がつくようになれば、もうしめたものです。
　やはり文法が出てくるのか、と思う人もいるでしょう。文法を意識しないで、自然に英語を学ぶことはできないものか、と。国語については、特別に文法を勉強しなくても、自然に覚えていて、不自由しませんね。サ行変格活用など知らなくても、「します」「する」「すれば」「しろ」などと自然に出てきます。
　昔から、ダイレクト・メソッドなどと言って、子供が母国語を覚え

るのと同じような方法で外国語を学べないものか、という研究が行われてきました。でも、学生を何週間も缶詰状態にして言語を叩き込む、といった特殊な方法を別にすれば、それは成り立たないことが分かってきました。すでに母国語を習得している人が外国語を学ぶときは、母国語を基礎にし、意識的に文法を勉強していくしかないのです。

●文型を暗記する

　さて、例えば数学の得意な人で、文法はよく理解しているけれど、どうしても英語の成績が上がらない、という人もいると思います。

　そこが数学と英語の違いです。英語では、文法事項を理解するだけでなく、それを「みにつける」という作業が必要になるのですね。具体的には、基本的な文型を暗記することです。中学校の教科書の本文を次々に暗記していってもいいでしょう。

　暗記してそれをみにつけてはじめて、例えば Tom know her very well. という文章を見たとき、何かおかしい —— know に s がついていないと収まりが悪い —— と感じるようになります。ただし、暗記の前に、その文の構造をしっかり理解していなければなりません。暗記の目的は、文の構造をみにつけ、それを応用していくことにありますから、理解しないままに暗記しても骨折り損になるだけです。

　暗記の作業はつらいものです。特に、いわゆる頭のよい人は、暗記などばからしいと感じて、ついこれを怠ります。数学は得意だが英語は苦手、という人はこのパターンに陥っていることが多いようです。ひとたび文法を理解したら、あとは暗記と繰り返しです。それは確かに根気のいる地味な作業ですが、それによって飛躍的に英語力が上がりますから、報いも大きいでしょう。

　まず英語アレルギーを取り払うこと、次いで文法をしっかり理解すること、そして暗記によってそれを定着させること —— これが英語をマスターする近道です。

60 どうすれば単語や熟語を覚えられますか？

　英語学習者の中には、なかなか単語を覚えられない、あるいは覚えても覚えても次々に新しい単語が出てくる、という悩みをかかえている人も少なくないと思います。テストの長文問題など、ある程度単語を知っていないと、手も足も出ませんね。単語や熟語を覚えるよい方法はないものでしょうか？

●単語を含む文章ごと暗記する

　単語学習用には、いろいろなタイプの単語集が市販されていますが、これを1ページ目から暗記していく、というやり方にはちょっと問題があります。その作業があまりに単調であるだけでなく、覚えなければならない単語の膨大さに追いまくられる感じがして、嫌気がさしてしまうのです。それよりもむしろ、単語が含まれる文章ごと覚える方法が勧められます。

単語だけでも覚えるのが大変なのに、文章ごと覚えるのはどうも、と思う人も多いでしょう。この方法は英語の勉強の王道と言えますが、ずいぶん手間のかかることですから、英語のために十分な勉強の時間が取れる人に向いていると言えます。

　この方法をとる際にあらかじめ考えておかなくてはならないのは、新しく出てきた単語や熟語の重要さを、どこで判断するかという問題です。これには、市販の単語・熟語集で、重要度のランク付けがしてあるものがありますから、まずこれを手に入れます。そしてテキストに新しい単語が出てきたら、この単語集で調べて、いま覚える必要のある重要語かどうかをチェックするのです。重要であることが分かったら、その語が含まれる文章全体をノートに書き写して、あとはひたすら暗記していくのですね。そうすれば、その単語や熟語の意味だけでなく、その語がどのように使われるかもまとめて覚えられます。確かに根気の要る方法で、効果もすぐには見えてこないかもしれません。でも、やがてすばらしい威力を発揮し始めるでしょう。

●単語カードを作る

　方法はもう1つあります。文房具店で売っている単語用のカードを使うものです。前述の重要度のランク付けがしてある単語集を、最重要語から順番にチェックしていって、まだ覚えていない語があったら、一つひとつカードに書いていくのです。表に単語や熟語、裏にその意味という具合にです。それを50枚ぐらいで束にして、一つひとつ、繰り返し繰り返し覚えていきます。覚えたと思ったら、そのカードを束から外して、代わりに新しい語を1枚束に入れる、という操作を繰り返します。束から外した語はまとめておいて、しばらくしてから、本当に覚えているかどうか再チェックします。覚えるときは、一つひとつ発音しながらするのがいいでしょう。

　重要なのは、単語集から直接覚えるのではなくて、一旦カードに書き写す、ということです。この手順を経ると、その単語や熟語とのあ

る種の親密さが生まれますし、一つひとつ処理していく感じになり、市販の単語集の膨大さからも逃れられます。面倒くさい、と思う人もいるでしょうが、実際にやってみると、書き写すのにはそれほど時間はかかりません。単語を覚えるのには、ちょっとした空き時間を利用しましょう。この方法はむしろ、英語にだけ勉強時間を費やすわけにはいかないという人に適しているでしょう。それに、整理整頓が大好き、という性格の人に向いています。「Aランクの単語はもれなく覚えた」などということが確認できるのですね。

この方法の利点は、とりあえずどんどん単語が覚えられることです。長文に取り組むときも、知っている単語が多いおかげで、スイスイ先に進むようになるでしょう。ただし、この方法で覚えた単語は本当にみについているとは言えませんから、実際の英文にあたりながらそれを確認していく必要があります。つまりこの方法は、多読と併用して本当の効果が上がるのですね。

ただ、この方法には1つ問題点があります。それは、これが「読む力」にだけ重点を置いた少し偏った英語の勉強法だという点です。大学受験には大いに役立つかもしれませんが、その先、英会話を勉強す

るときの役にはあまり立たないのですね。その点、文章ごと暗記するという最初の方法は、英文解釈や英作文はもちろん、英会話にもとても役に立ちます。そこが「王道」と言われるゆえんです。

●単語を語源で覚える

語源をもとにして単語を覚える方法がある、という話を聞いたことがありませんか？

英語の単語は、おおまかに言って、英語本来の語と、ラテン語などの外国から入ってきた語に分けられます。このうち、英語本来の語は中学校で学ぶ基本単語に多く、外来語は高校に入ってから学ぶ語に多いと言えます。後者は、ラテン語などの語幹*に re や con といった接頭辞**がついたもので、語幹ごとに単語をまとめて覚えられる、という特徴があります。これを勉強しておくと、洪水のように押し寄せる英単語がかなり整理できますから、うまく使えばとても役に立ちます。この語源をもとに編集された単語集が市販されていますから、利用すればいいでしょう***。ただし、この方法はすべての単語に活用できるわけではありませんので、上に挙げたどちらかの方法と併用するのがいいでしょう。

---

*語幹：invent の vent のように単語の核になる部分。
**接頭辞：invent の in のように単語の先頭に置かれ、意味を添える辞(語)。
***：手前味噌になりますが、一例に拙著『知っている単語がどんどん増えるスーパー英単語分類帳』（黎明書房）があります。

61 聞き流すだけでリスニングは上達しますか？

　英語のCDをただ聞き流すだけでリスニングが上達する、というのは本当でしょうか？

　CDを聞き流しているうちに、いわゆる「耳慣れ」が生じて、ある程度は言っていることが分かるようになります。でも、聞き流すだけでどんどん聞き取れるようになるわけではありません。特に、何か別のことをしながら、BGMのように英語のCDを流しっぱなしにする、というのはほとんど効果がないでしょう。

●テキストを使おう

　本格的なリスニングの勉強のためには、文字で書かれたテキスト（原稿）を併用する必要があります。そしてその教材は、今の自分の力に合ったものでなくてはなりません。一度聞いてみて、さっぱり内容がつかめないようだったら、そのCDは自分にはレベルが高すぎるのです。また、繰り返し聞くものですから、興味の持てる題材のものでなければなりません。今は安価で優れた教材がたくさん出ていますから、店頭で選ぶのは容易です。何万円もするセットを買う必要はありません。

●同じCDを100回聞こう

　それからいよいよ聞き始めるわけですが、自分のレベルに合った、面白い教材を見つけたら、同じものを繰り返し繰り返し聞く、という姿勢が要求されます。同じものを100回聞きなさい、と言う専門家もいるほどです。10枚のCDを10回ずつ聞くよりも、1本を100回聞いた方が効果が上がる、ということが経験的に知られているようです。

①テキストを見ないで聞く

ただ繰り返し100回聞くのでしょうか？ もちろんそうではありません。最初の数十回は、テキストを見ないで繰り返し聞いていきます。そのうち、最初は聞き取れなかった言葉の一部が聞き取れるようになるでしょう。でももちろん分からないところは分かりません。

②内容理解のためのリスニング

そして、今度はテキストを見ながら同じものを数十回聞いていきます。ここでは、当然ながら、知らない単語や熟語は辞書で調べて、内容を理解しておく必要があります。

英語が聞き取りづらい原因の1つに、早く発音するほど、語と語がくっついて、新しい音が生まれているように聞こえる、ということがあります。Thank you. が「サンクユー」ではなく「サンキュー」に聞こえるのがその例ですね。また、早く発音するときは、しばしば音が省略されます。give me が「ギミー」に聞こえるのはそのためです。同じ CD を繰り返し繰り返し聞いていくのは、この部分を耳に焼きつけるための手順と考えてください。

③発音練習

テキストを見ながら聞いて、聞き取れなかった部分が聞こえるようになったら、次は CD に合わせて発音する練習をします。これも数十回です。それから最後に、またテキストを見ないで何回か聞いて、すべて聞き取れることを確認します。

④次の CD へ進もう

これが終わったら、はじめて次の CD に進んで、同じことを繰り返します。そして、聞き取る力がついてきたことが実感できたら、もう少しレベルの高い教材を探すのです。これはずいぶん時間のかかる作業ですから、受験生にはちょっと難しいかもしれません。大学に入って

6 ●英語の勉強のしかた　169

最初の2年間、というのがいちばん適しているでしょう。スタートする年齢が高くなればなるほど上達するスピードは遅くなっていく、という点は考慮に入れておく必要があります。

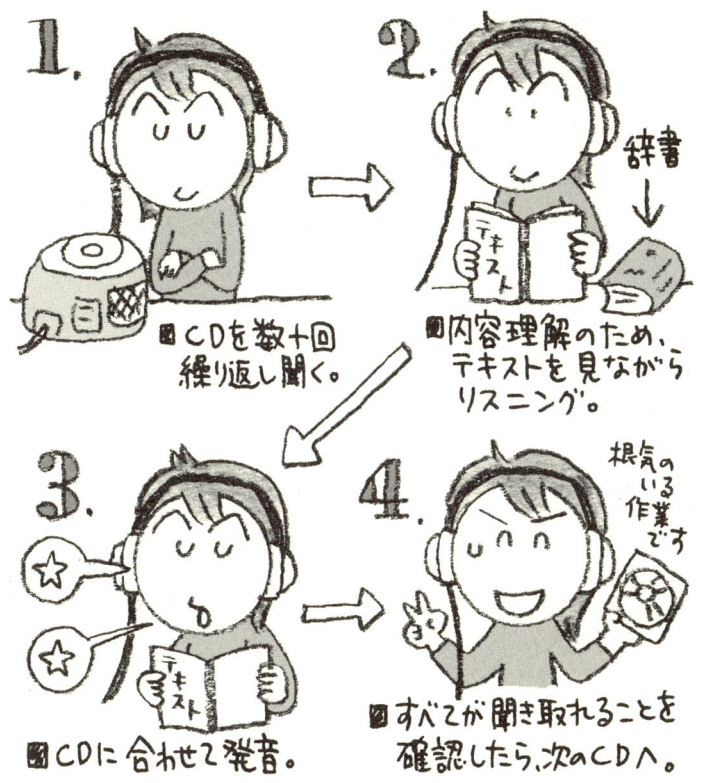

1. CDを数十回繰り返し聞く。
2. 内容理解のため、テキストを見ながらリスニング。
3. CDに合わせて発音。
4. すべてが聞き取れることを確認したら、次のCDへ。　根気のいる作業です

さて、リスニングも、中学校や高校で積み上げた基礎的な英語力の延長線上にあります。いくら耳が音声を識別しても、その内容を理解する英語力が伴わなければ、「聞き取った」ということにはなりませんね。ある言葉を聞き取れなかったのは、その単語や熟語を知らなかっただけ、ということが頻繁に起こりますし、構文を理解していなかったためということもあります。英語の勉強はみなつながっているのですね。

62 どうすれば英語を話せるようになるのですか？

最後は英会話についてです。どうすれば英語を話せるようになるのでしょう？　「習うより慣れろ」ということわざがありますが、とにかく機会を作って、どんどん英語を話していくに限るのでしょうか？

●「習うより慣れろ」には問題点あり？

どのレベルの英会話を目指すか、ということにもよりますが、どんどん話していく、という態度にはちょっと問題があります。日本人が話す英語を聞いていて、「ああ、この人の英会話は伸びないな」と感じることがあります。一見ペラペラしゃべっているようでいて、文法がめちゃくちゃな場合があるのです。動詞をぜんぶ現在形で使って平気でいる人もいます。

とりあえず意思の疎通ができればいい、それ以上は望まない、というのであればそれでもいいかもしれません。でもその種の英語で本当に通じているのでしょうか？

著者（石戸谷）は、以前、どこかで、日本に長く住んでいるらしいドイツ人と会ったことがあります。彼はいきなり、とても流暢な日本語で著者に話しかけてきたのですが、それを聞いているうちにだんだん汗が出てきました。彼の言っていることが全く理解できないのです。でも、当人はいかにも気持ちよさそうにペラペラとしゃべっています。

もっとはっきり話すよう言えばよかったではないか、と思うかもしれませんが、そう言えば相手が傷つくような気がして、著者はつい適当にあいづちを打ってごまかしてしまいました。これに似たようなことが、英語を話す日本人にもしばしば起こっているのではないでしょうか？　「習うより慣れろ」という姿勢が、少し強調されすぎているようにも思います。

●会話の上達には基礎学力が必須

　英語学習の中では、会話がいちばん難しいと言えます。即席で英作文をするようなものだからです。だからこそ、基礎的な英語力をみにつけた上で会話に取り組まなくてはならないのです。

　会話というのは、独りでは勉強できないものですが、実地で訓練する前に準備できることはたくさんあります。文法をしっかり学ぶこと、語彙を増やすこと、リスニングに磨きをかけること、そしてとりわけ基本的な例文を暗記することです。

　せっかく例文を暗記しても、会話の範囲は広く、それが使える場面は少ないのではないかと思う人もいるでしょう。でも、例文を暗記する目的は応用を利かせることにあります。その文の目的語を変えたり、動詞を変えたりすれば、幾通りにも使えることになりますね？　たくさんの例文を暗記するうちに、英文の構成がみにつきますから、少し会話に慣れてくれば、自然に言葉が出てくるようになるのです。「自然に」というのは、こういうことに関して使う言葉です。

　英会話の上達は机に向かってどれだけ勉強しているかにかかっている、と言うことができます。英会話スクールに通うのはそれが終わってからです。そこから英語の勉強を始めるのでは、お金がもったいないのですね。会話教室は勉強の仕上げのために行くところです。みんながそういう姿勢で英会話スクールに通えば、先生たちもどれだけ励みになることでしょう。

●英語圏で生活しながら英語を学ぶのは？

　アメリカやイギリス、オーストラリアなどに行くのはどうでしょうか？　とにかくアメリカに渡って、アメリカ人の間に入ってしまえば、会話力は自然にみにつく、と言う人もいますが、そんなことを言うのはたぶんアメリカに渡ったことのない人です。「アメリカに渡る」のは簡単ですが、「アメリカ人の間に入る」のはとても難しいことなのです。

　以前、著者(石戸谷)は、ロサンジェルスの日本人街、「リトル・トーキョー」でこんな光景を目にしたことがあります。著者はそこの日本食レストランで食事をしていたのですが、そこへ白人のおばさんが駆け込んできて、道を教えてくれ、と日本人のウエイトレスに尋ねました。

　そのときのウエイトレスの反応は見物(みもの)でした。直立不動のまま、ハローのひと言も出てこないのです。白人のおばさんは不思議そうな顔をして出て行きました。このウエイトレスも、日本を出るときは、「よし、アメリカに行って、英語をしゃべれるようになろう」と決心したに違いないのですが。

　ですから、やはりこう考えた方がいいでしょう。アメリカに渡るのは、英語の勉強の仕上げをするためだ、と。そして、レストランなどで働くとしても、日本人のやっているスシ・バーなどではだめです。ど

うしてもお互い日本語でしゃべってしまいますから。英語の勉強のためには、とにかく日本人のコミュニティーから離れなくてはなりません。でも、実際に行ってみれば分かることですが、これは孤独との闘いで、大変な意志の力を必要とします。

●留学して英語を学ぶのは？

留学はどうでしょうか？　高校在学中に1年間アメリカのハイスクールに留学して、とても会話がうまくなって帰ってきた人がいる、という話を耳にしたことがあると思います。でも、よく聞いてみると、その人は留学前から英語が大得意だったことが分かるでしょう。中学校から4、5年みっちり英語を勉強して、そこから1年間アメリカの家庭に住み込んでハイスクールに通えば、すばらしい成果が期待できます。もちろんホームステイ先でお手伝いさん並みにこき使われたり、子供の面倒を見させられたりして、泣きながら日本の家に電話をかける、といったことも経験するでしょうけれども。

では、高校を卒業してからアメリカの大学に留学する、というのはどうでしょうか？

アメリカの大学に入ってそこを卒業するのは、ハイスクールに1年留学するのとは別次元で、とても難しいことです。教授の話す英語をちゃんと理解できなければ授業にはついていけませんし、膨大な本は読まされる、レポートは書かされるで、並みの英語力では太刀打ちできません。ですから、まず日本の大学に通って、4年間コツコツ英語を勉強し、そこからアメリカの大学に挑戦する、というのが現実的でしょう。

高校を卒業してからアメリカの英語学校に通って、それから向こうの大学に入る、という話はよく聞きますが、高校での英語の成績がよほどよい人でない限り、短期間のうちに大学入学にふさわしい英語力をつけることはできません。ほとんどの学生は、あっという間に落ちこぼれて、授業をさぼって日本人同士で遊び回る、ということになる

でしょう。そうなれば、何年アメリカに滞在しても、英語力はほとんどみにつきません。

●英語はコミュニケーションツールにすぎないという意識

　さて、こういったことをすべてクリアして、完全に英語を理解し、駆使できるようになった人がいるとします。彼女はあこがれの通訳になって、日本人とアメリカ人のある協議を通訳することになります。そして、協議が終わった後、そのアメリカ人に食事に誘われて、その席で「あなた自身はこの問題についてどう考えますか？」と尋ねられるのです。そこで彼女は愕然とするでしょう。自分は英語を勉強することに精一杯で、英語を使って何を話すかは勉強していなかったことに気づくのですね。

　英語はコミュニケーションの道具にすぎません。英語を勉強しながらも、自分はそれを使って何を伝えようとしているのか、それを何に役立てようとしているのか、ということをいつも考えている必要があります。英語自体を目的化してはいけないのですね。

著者紹介
石戸谷　滋
昭和23年生まれ。東北大学文学部卒業。岡山大学教養部助教授を経て、現在はフリーライター、翻訳家。

著書に『和製英語アメリカを行く』(大修館書店)、『英単語はどこからきた』(恒河舎、真鍋との共著)、『英語のドレミファ1　英文法は楽しい』『英語のドレミファ2　英単語は楽しい』『英語のドレミファ3　英作文は楽しい』『英語クイズ&パズル&ゲーム70』『知っている単語がどんどん増えるスーパー英単語分類帳』『クイズで解決！　英語の疑問112』『英語が好きになる5分間話（上級編）』『英語が好きになる5分間話（中級編）』『英語が好きになる5分間話（初級編）』『「英語で話す力」をつけるノート勉強法』(以上黎明書房、真鍋との共著) などがある。

真鍋　照雄
昭和20年生まれ。弘前大学教育学部中退後、私塾を開き、今日に至る。

著書に『英単語はどこからきた』(恒河舎、石戸谷との共著)、『自分さがしの旅の始まり』(学事出版)、『学長からの手紙』(自費出版)、『英語のドレミファ1　英文法は楽しい』『英語のドレミファ2　英単語は楽しい』『英語のドレミファ3　英作文は楽しい』『英語クイズ&パズル&ゲーム70』『知っている単語がどんどん増えるスーパー英単語分類帳』『クイズで解決！　英語の疑問112』『英語が好きになる5分間話（上級編）』『英語が好きになる5分間話（中級編）』『英語が好きになる5分間話（初級編）』『「英語で話す力」をつけるノート勉強法』(以上黎明書房、石戸谷との共著) などがある。

恥ずかしくて聞けない英語の基礎・基本62

2008年7月10日　初版発行
2014年1月15日　10刷発行

著　者	石戸谷　滋
	真鍋　照雄
発行者	武馬　久仁裕
印　刷	大阪書籍印刷株式会社
製　本	大阪書籍印刷株式会社

発行所　株式会社　黎明書房

〒460-0002　名古屋市中区丸の内3-6-27　EBSビル
☎052-962-3045　FAX 052-951-9065　振替・00880-1-59001
〒101-0047　東京連絡所・千代田区内神田1-4-9
松苗ビル4階　☎03-3268-3470

落丁本・乱丁本はお取替します　ISBN978-4-654-01801-7

© S.Ishitoya & T.Manabe 2008, Printed in Japan

知っている単語がどんどん増えるスーパー英単語分類帳
石戸谷 滋・真鍋照雄著　四六判・224頁　1800円

英単語を語幹(語の核の部分)や意味・テーマで分類し、語源で効率的に記憶するためのセンター試験レベルのスーパー英単語帳。知らない英単語の意味を類推する力も身に付く。落ちてびっくり accident/他。

「英語で話す力」をつけるノート勉強法
石戸谷 滋・真鍋照雄著　A5判・172頁　1700円

英語の達人が、英語学習の到達点「英語で話す力」を確実につけたい人のために、画期的勉強法を公開。中学英語が完全にマスターでき、短期間で英語教師レベルの英語力が身につく。

英語クイズ&パズル&ゲーム70
石戸谷 滋・真鍋照雄著　B5判・118頁　2000円

単語の読み方やつづり、文法、口語表現、ことわざ、英語でのコミュニケーションなどがレクリエーション感覚で楽しく学べる。クイズ・パズルはコピーしてすぐ授業に使用 OK。

新装版・英語のドレミファ①　英文法は楽しい
石戸谷 滋・真鍋照雄著　A5判・183頁　1800円

「go の過去形はなぜ went？」「三単現の s はどこから来た？」など、英文法を対話形式で楽しく学ぶ、すらすら読める文法書。「覚える」英語の苦手な人でも、英語がおもしろくなる！

新装版・英語のドレミファ②　英単語は楽しい
石戸谷 滋・真鍋照雄著　A5判・180頁　1800円

「『海』を表す英単語はなぜ sea, marine の2つある？」「大臣が英語ではなぜ minister？」など、英単語を語源で整理し、その仕組みとおもしろさを対話形式で楽しく学ぶ本。

新装版・英語のドレミファ③　英作文は楽しい
石戸谷 滋・真鍋照雄著　A5判・192頁　1800円

誰もが悩む英作文のポイントを、アメリカ史の知識等も交えながら対話形式でわかりやすく解説。「同時進行」のスペシャリスト/否定内蔵型の言葉/主語が3つもある文？/他。

表示価格は本体価格です。別途消費税がかかります。